ATLAS DE CARRETERAS
ATLAS RODOVIÁRIO

España
& Portugal

Portugal
& Espanha

1:1 000 000 - 1 cm = 10 km

Índice de localidades
Índice das localidades

Cabo de S. Adrián

**A CORUÑA/
LA CORUÑA**

Malpica   Caión   A Baiuca

8

15

Laxe   Ponte-
            Ceso   10 A 55 22

Cabo Vilán   12   Laracha
Camariñas   **Carballo**
         18   Baio   26
Muxía   Vimianzo   9   San Roque   595

Cabo Touriñán   C 552

         25   Dumbría   Antenil
                              (Cerceda)
      13 Corcubión   E. de   Sta Comba   14   **64**
              Fervenza   569 32
Fisterra   7   **Ordes**
                     33   Tambre
Cabo Fisterra/   Río Xallas   Portomouro   26
Cabo Finisterre   641   AC 403

         Carnota   Negreira   E. Barrié   Labaco
                              de la Maza   Bertamiráns   67   10
      Serra de Outes   C 543   37   **SANTIAG**
                  35   C 550   57   75   72
         Muros   Noia   18   Ramallosa
                         Padrón   93   Oca
      Porto do Son   685   16   **37**
                              Catoira   16
                  8   16   Cuntis   A Estrada
         Boiro   VRG 11   Rianxo   C 550   Forcarei
      36 17   21
A Pobra do Caramiñal   Vilanova   10   26
Sta Eugenia   de Arousa   640   **110**
              I. de   Cuntis
              Arousa   Vilagarcía
         Cambados   de Arousa   Cerdedo
         O Grove   Mosteiro   10   1014
I. de Sálvora   **119**   N 541   44
         5   25   Poio   **N 550**
Sanxenxo   18   Combarro   **Pontevedra**   Beariz
         VRG   **132**
Isla de Ons   Portonovo   **Marín**   Ponte-Caldelas

      Cuto   24   20
      Redondo   28   **45**   Rial   Avión
         Bueu   Moaña

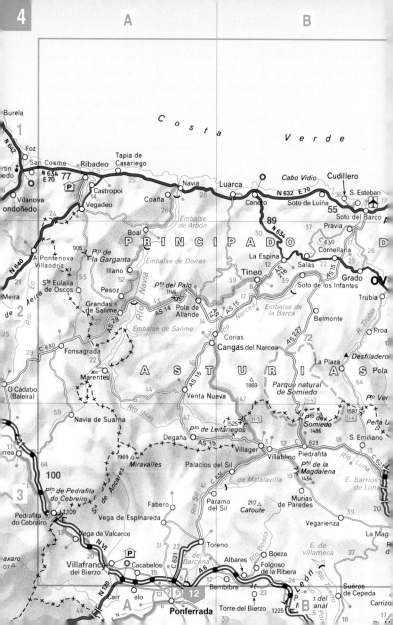

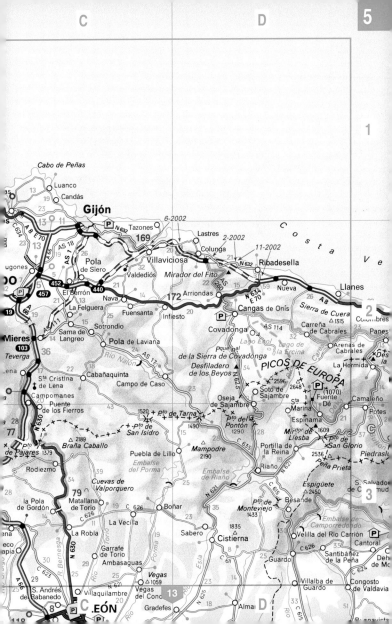

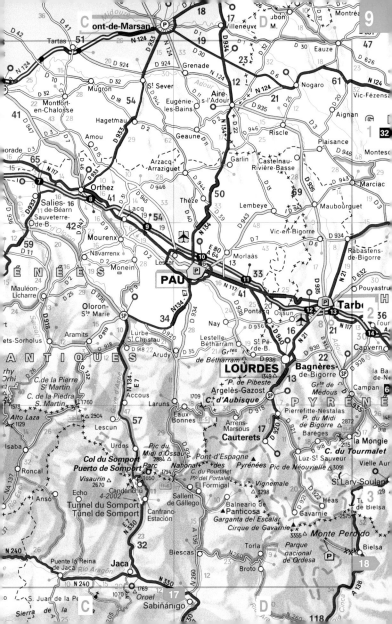

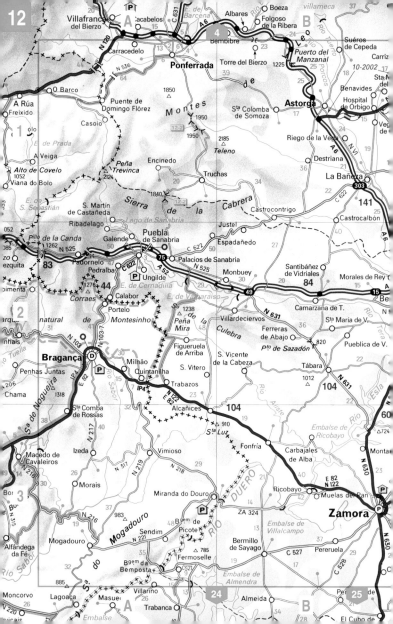

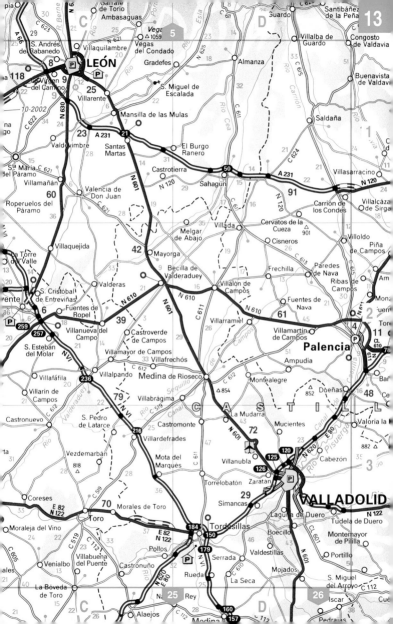

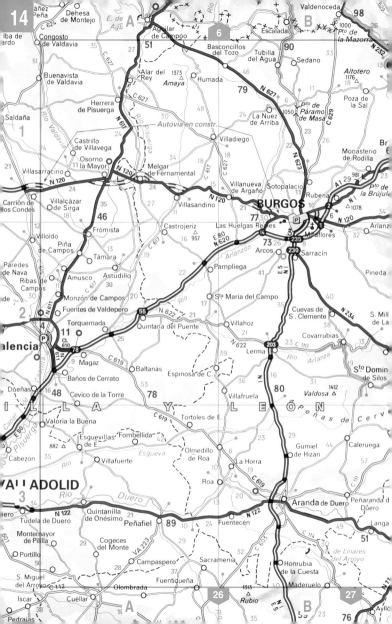

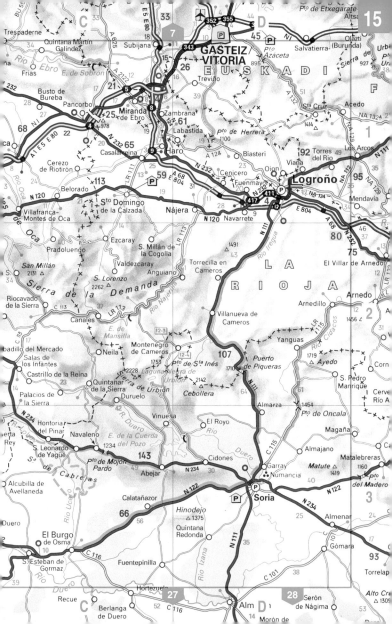

Trespaderne
Quintana Martín Galíndez
Frias
Rio Ebro
E. de Sobrón
Busto de Bureba
Pancorbo
Miranda de Ebro
Zambrana
Labastida
Casalarreina
Haro
Belorado
Sto Domingo de la Calzada
Nájera
Navarrete
Villafranca-Montes de Oca
Ezcaray
Pradoluengo
San Millán
Valdezcaray
Anguiano
S. Millán de la Cogolla
S. Lorenzo
Torrecilla en Cameros
Sierra de la Demanda
Riocavado de la Sierra
Canales
E. de Mansilla
Villanueva de Cameros
badillo del Mercado
Salas de los Infantes
Castrillo de la Reina
Neila
Montenegro de Cameros
Yanguas
Puerto de Piqueras
Palacios de la Sierra
Quintanar de la Sierra
Duruelo
Pto de Sta Inés
Sierra de Urbión
Cebollera
Ayedo
S. Pedro Manrique
Hontoria del Pinar
Navaleno
Vinuesa
E. de la Cuerda del Pozo
El Royo
Rio
Almarza
Pto de Oncala
Magaña
Alcubilla de Avellaneda
S. Leonardo de Yagüe
Pto de Mojón Pardo
Abejar
Cidones
Garray
Numancia
Matute
Almajano
Matalebreras
Pto del Madero
El Burgo de Osma
Calatañazor
Hinojedo
Soria
Almenar
Gómara
S. Esteban de Gormaz
Fuentepinilla
Quintana Redonda
Recue
Hortezuelo
Berlanga de Duero
Alm
Serón de Nágima
Torrelap
Morón de

GASTEIZ
VITORIA
EUSKADI
Subijana
Trevíño
Salvatierra (Burunda)
Olazti
Pto de Etxegarate
Pto Azáceta
Sta Cruz
Acedo
Los Arcos
Torres del Río
Viana
Oion
Logroño
Mendavia
Arnedo
El Villar de Arnedo
Arnedillo
Corn
Cerve Río A
LA RIOJA
Cenicero
Fuenmayor
Biasteri
Pto de Herrera
Cerezo de Riotirón
Villabuena-Montes de Oca

C   7   33   352   355   44   D   45   NI
BU 5   Altsa
A 625   18   343   26   895   51   F
34   Rio Ebro   16   39   A 132   1414   NA 132 A   1
N 232   5   21   65   9   978   25   68   22   61   32   N 232   19   Haro   N 232   23   92   49   95   NA 129   1
68   NI   113   59   E 68 804   19   3   N 120   N 124   5   411   417   4   12   E 804   80   75   46   2
A 1 E 5 E 80   LR 111   21   P   1491   43   Rio Iregua   8   LR 2
Sierra de   C 113   LR 113   D e m a n d a   12-3   107   LR 115   1456   2
LR 113   12-4   1753   2228   2142   1710   Mill   61   1454   3
R. Duero   Laguna   1234   1719   Rio Cidacos   1419   1160   3
N 234   143   30   C 115   N 122   40   N 122   3
Rio Ucero   66   56   N 234   Rio Duero   N 111   Rio Izana   25   C 101   38   93
10   C 116   35   Alto Cre   1309
39   Duero   C 116   27   C   28   D   53

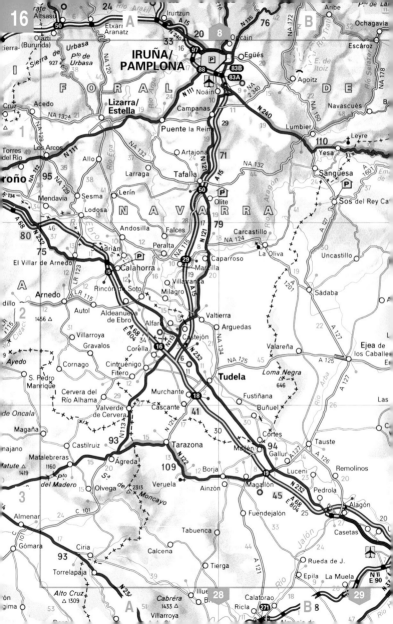

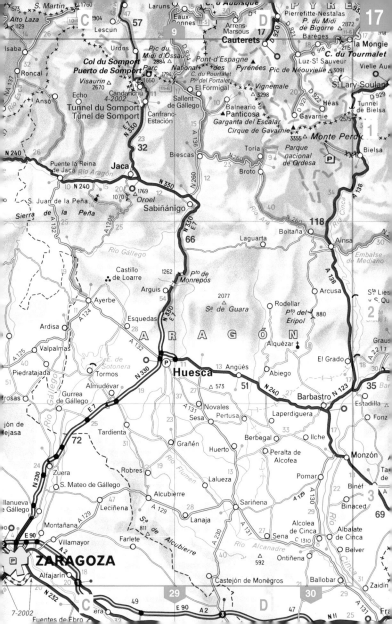

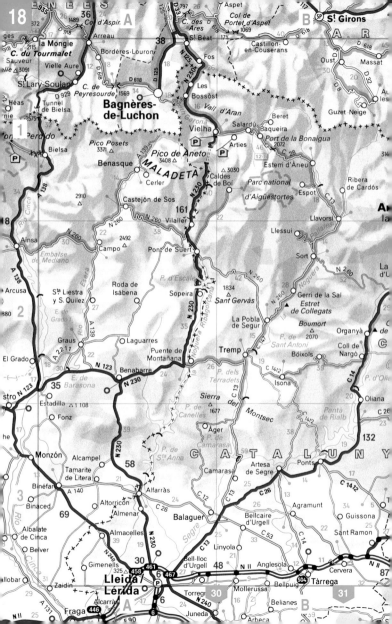

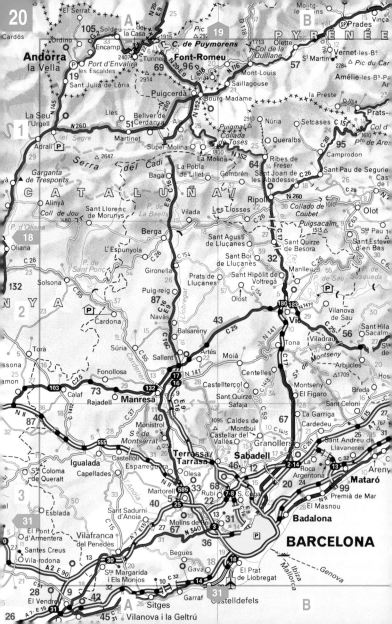

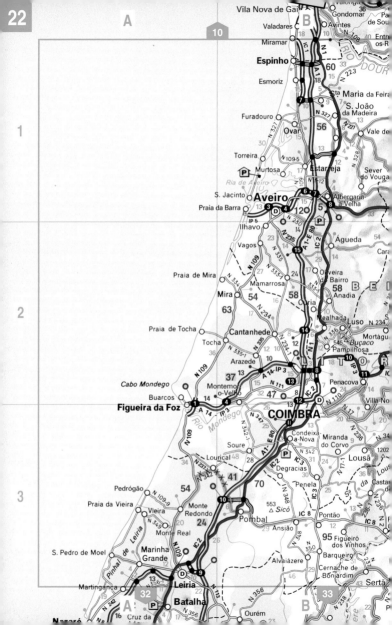

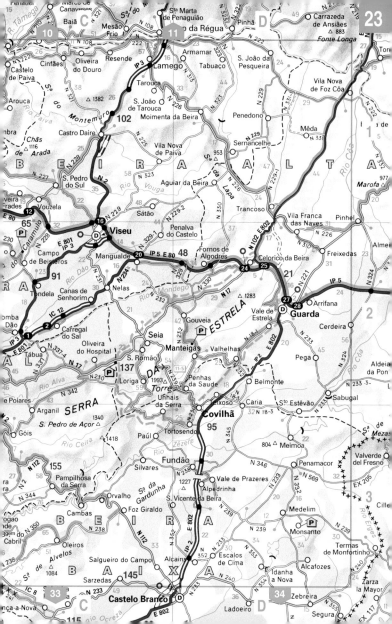

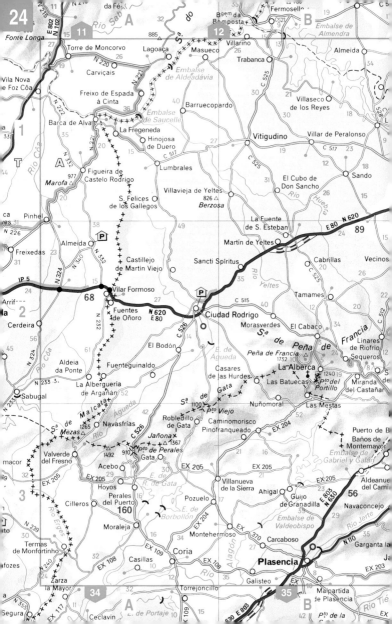

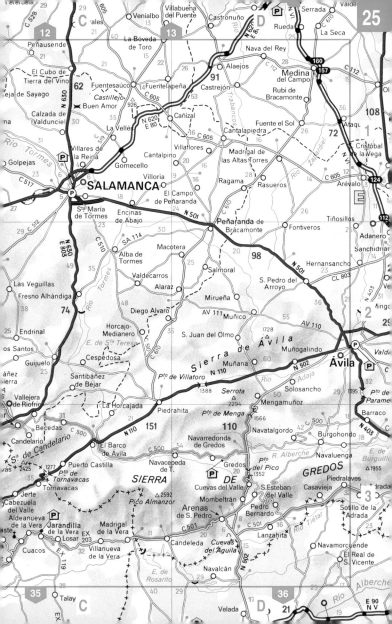

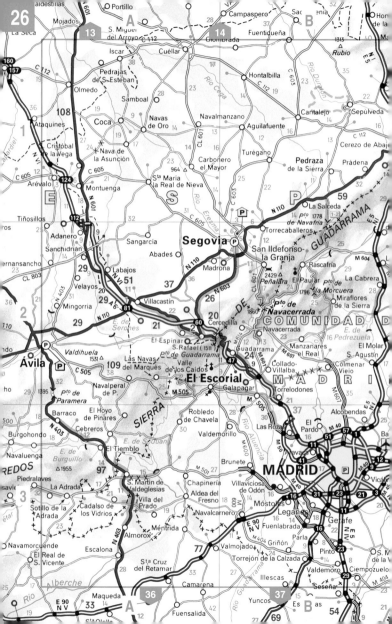

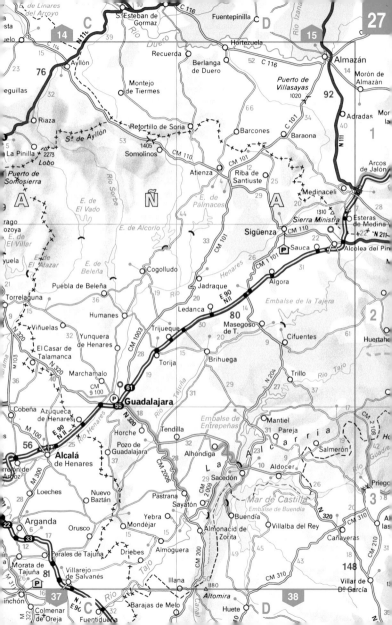

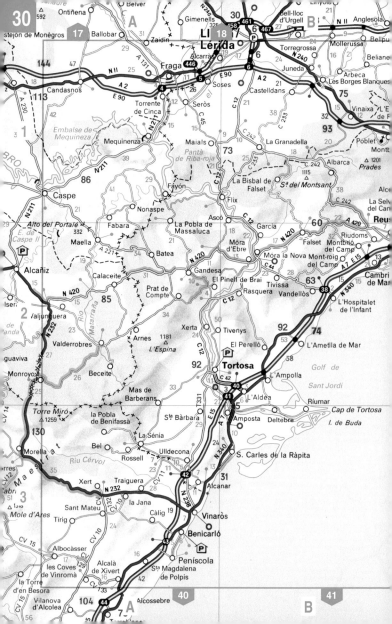

Rajadell · Manresa

Sant Quirze
Safaja

Caldes de
Montbui

Castellar del
Vallès

Cervera

Tàrrega

N II

C

18

C 1412

Monistrol
de
Montserrat

C 16

40

C 59

67

La
Ca

555

Castelloli

N II

Terrassa
Tarrasa

Sabadell

Granollers

La
Roca
Argentona

C 261

Sant Lla

D

10

C 1415

13

Igualada

Sta Coloma
de Queralt

Capellades

Esparreguera

Olesa

68

46

12

2-14

20

24

20

Sarral

Esblada

Sant Sadurní
d'Anoia

Martorell

585

33

Rubí

7-8

31

El Masnou

N II

40

5

25

22

S. Cugat

Badalona

El Pont
d'Armentera

Vilafranca
del Penedès

19

Molins de Rei

67

N 340

13

3

36

BARCELONA

Santes Creus

Vila-rodona

A 2 E 90

13

30

20

Begues

18

19

Genova

1

Valls

C 51

Sta Margarida
i Els Monjons

9

18

32

Gava

C 32

14

20

18

El Prat
de Llobregat

Ibiza

Mallorca

21

El Vendrell

42

10

Garraf

Castelldefels

26

A 7 E 15

31

26

Sitges

33

3

45

31

Vilanova i la Geltrú

N 340

Coma-ruga

Calafell

Torredembarra

28

Tarragona

Port
Aventura

Salou

Cap de Salou

C o s t a   D o r a d a

2

3

C

D

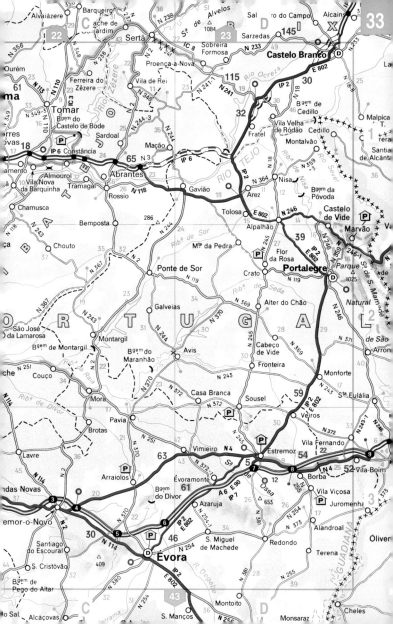

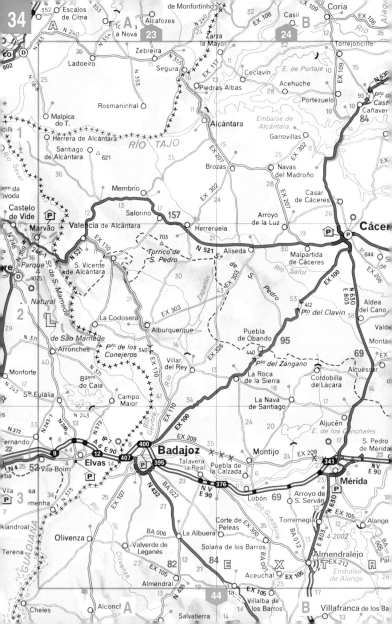

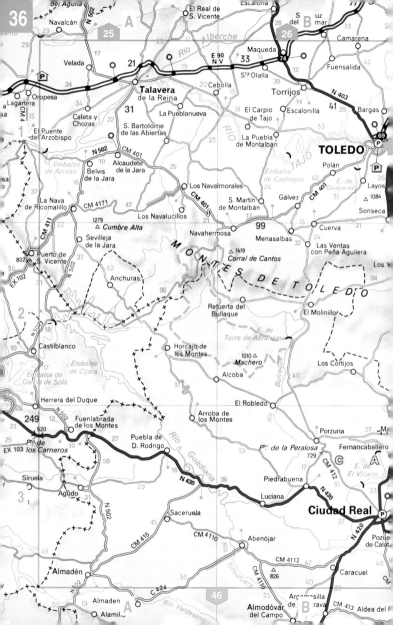

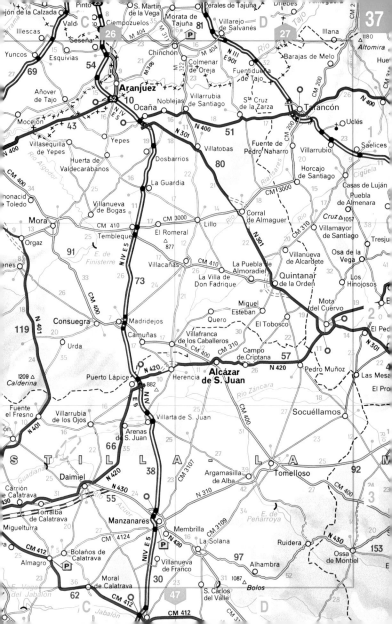

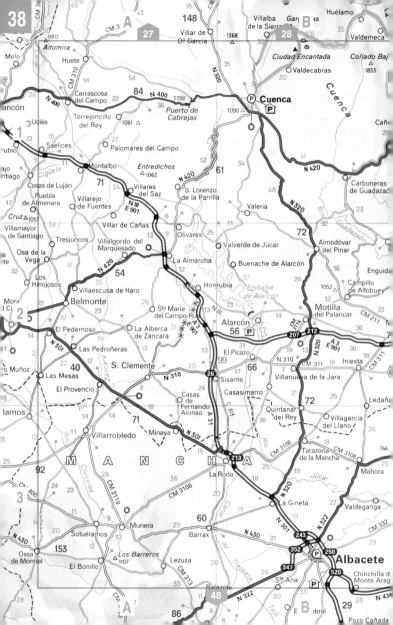

Mosquerela
Benassal
les Coves
de Vinromà
Alcalà
de Xivert
Peníscola
Vistal
Magdalena
de Polpis
Maes
Benassal
la Torre
d'en Besora
29
A
30
B
Vilanova
d'Alcolea
104
Aícossebre
Rubielos de Mora
Penyagolosa
Atzeneta
del Maestrát
75
1814
Torreblanca
Port del
Remolcador
Vall d'Alba
les Useres
Cabanes
Orpesa
Luicena
la Pobla
Tornesa
Benicàssim/
Benicasim
E. de
Arenós
Zucaina
Vilafamés
Ludiente
l'Alcora
Borriol
Castelló de la Plana /
Castellón de la Plana
el Grau de C.
Fuentes de
Ayódar
Onda
Vila-real
Almassora
Caudiel
Borriana
Jérica
Segorbe
la Vall d'Uixó
Nules
Altura
Moncofa
Algar de
Palància
Almenara
Serra
Sagunt/Sagunto
la Pobla
de Vallbona
el Port de Sagunt
Bétera
Puçol
Massamagrell
VALÈNCIA
Manises
Burjassot
el Grau de V.
Torrent
Palma
Ibiza
Silla
el Saler
l'Albufera
Picassent
Benifaio
Alginet
Sollana
el Perelló
Carlet
Alcúdia
Sueca
Alzemesí
Cullera
Alzira
Favara
Alberic
Carcaixent
la Pobla
Llarga
Tavernes
de la Valldigna
Xàtiva
Xeraco
Platja i Grau de Gandia
Autovia en constr.
Canals
Quatretonda
Gandia
Daimús
Piles
Oliva
l'Olleria
Vilallonga

sa Calobra
Puig Major
Port de Sóller
Sóller
Deià
Banyalbufar
Valldemossa
Esporles
PALMA
I. sa Dragonera
Andratx
Bellver
Peguera
Port d'Andratx
Sta Ponça
Genova
Barcelona
València
Ibiza
Malaga (Cadiz, I. Canarias)
Menorca
Cap Blanc
s'Are

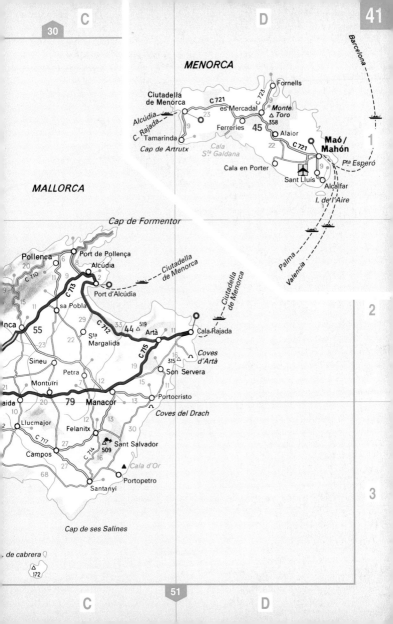

MENORCA

Barcelona

Ciutadella de Menorca

Alcúdia
C. Rajada
C. Tamarinda
Cap de Artrutx

C 721
es Mercadal
Ferreries
23
9
Cala S.ta Galdana

Fornells
C 723
Monte △ Toro 358
45
Alaior
22
C 721

Maó / Mahón
P.ta Esperó
9

Cala en Porter
Sant Lluís
Alcalfar
I. de l'Aire

1

MALLORCA

Cap de Formentor

Pollença
C 710
20
6
11
9
15
11
9

Port de Pollença
Alcúdia
2
Port d'Alcúdia

Ciutadella de Menorca

Ciutadella de Menorca

2

sa Pobla
29
C 712
33
44 △ 519
Artà
11
Cala Rajada

nca
55
22
S.ta Margalida
23

Sineu
Petra
Montuïri
7
12

C 715
19
315 △
Coves d'Artà
16
Son Servera
15

Portocristo
Coves del Drach

aïda
21
20
79
Manacor
13
10

Llucmajor
C 717
2
27
12
13
30

Felanitx
C 714
16
△ Sant Salvador 509
▲ Cala d'Or

Campos
27
68

Santanyí
Portopetro

Cap de ses Salines

Palma
Valencia

3

, de cabrera
△ 172

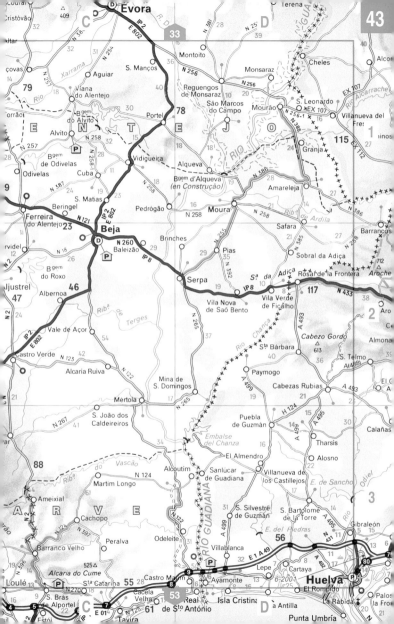

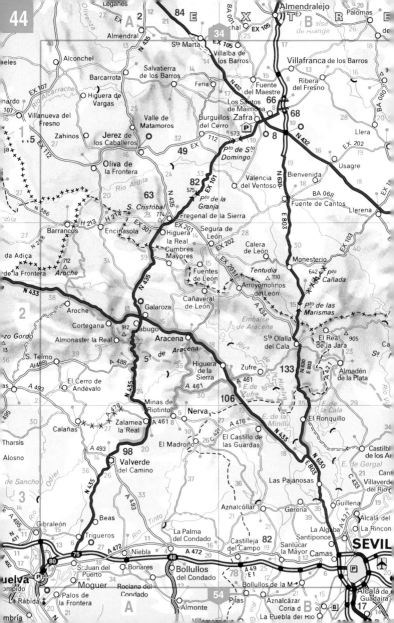

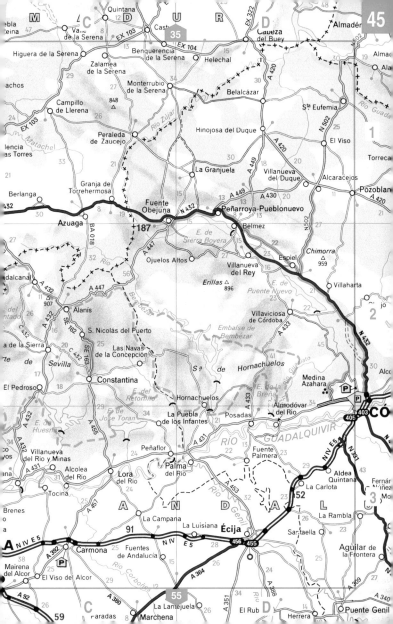

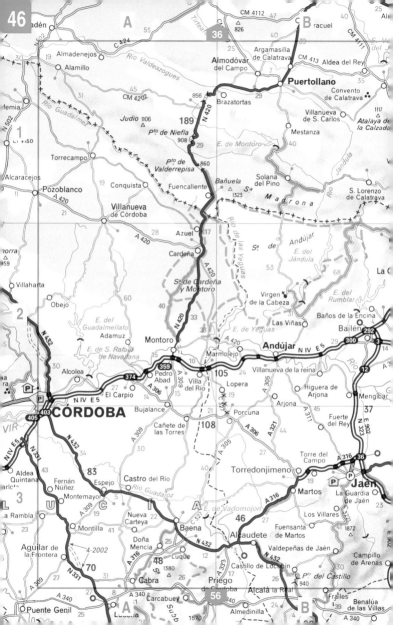

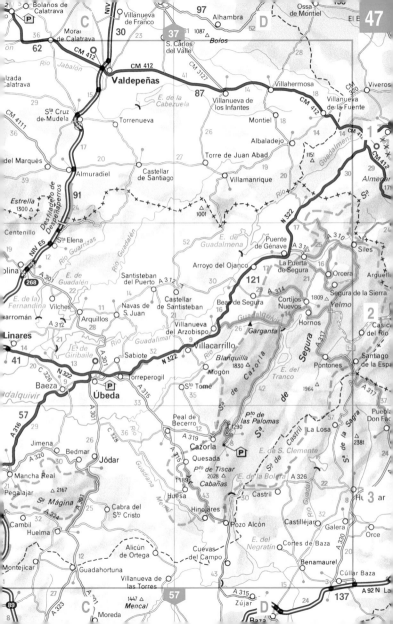

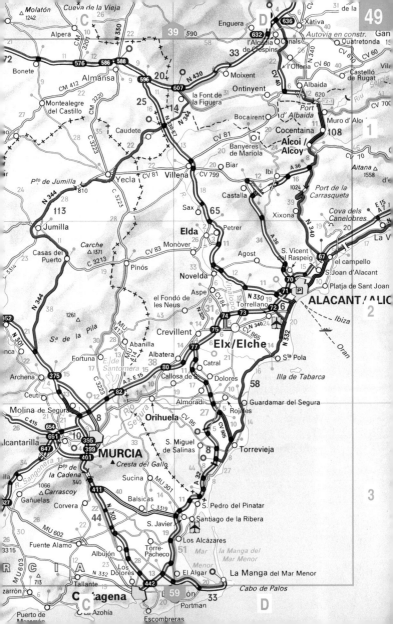

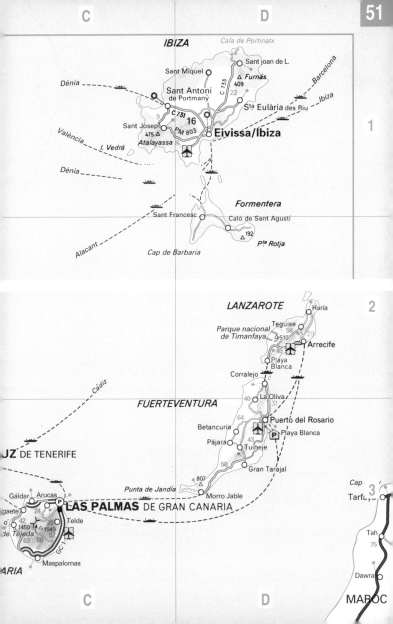

IBIZA

Cala de Portinatx

Sant joan de L.

Sant Miquel

Furnàs

△ 409

C 733

Dénia

22

Barcelona

Sant Antoni
de Portmany

C 731

Sta Eulària des Riu

Ibiza

9

Sant Josep

16

PM 803

475 △

Atalayassa

14

Eivissa/Ibiza

València

I. Vedrá

Dénia

1

Formentera

Sant Francesc

Caló de Sant Agustí

△ 192

Alacant

Pta Rotja

Cap de Barbaria

LANZAROTE

2

Haría

Teguise

58

29

*Parque nacional
de Timanfaya*

△510

40

Arrecife

Playa
Blanca

Cádiz

Corralejo

FUERTEVENTURA

40

La Oliva

31

64

Puerto del Rosario

Betancuria

43

Playa Blanca

Pájara

Tuineje

50

Gran Tarajal

JZ DE TENERIFE

807
△

Punta de Jandía

Morro Jable

Cap

Tarfa

3

Gáldar   Arucas

gaete

24

LAS PALMAS DE GRAN CANARIA

Tah

75

1450 △ △ 1949

de Tejeda

26

Telde

63   86

52

GC-1

Dawra

Maspalomas

ARIA

MAROC

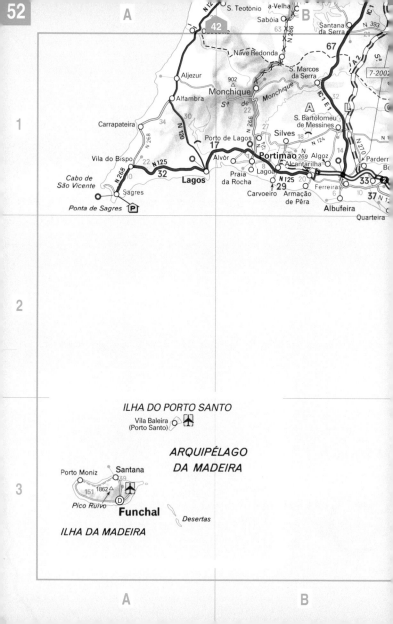

52

A | B

1

N 12
S. Teotónio a-velha
Sabóia
42
Santana
da Serra
Nave Redonda
67
S. Marcos
da Serra
N 266
Aljezur
902
△
S. Bartolomeu
de Messines
IC1 E1
Alfambra
Monchique
Sª de
22
Carrapateira
34
30
N 266
Silves
18
N 124
Porto de Lagos
Bartolo
N 270
17
N 120
Portimão
N 269 Algoz
14
Vila do Bispo
N 268
Alvor
Alcantarilha
Parderr
N 125
32
Praia
da Rocha
Lagoa
20
Ferreiras
33
Cabo de
São Vicente
N 268
Lagos
29
N 125
6
10
37
Sagres
Carvoeiro
Armação
de Pêra
Albufeira
Ponta de Sagres **P**
Quarteira

2

3

ILHA DO PORTO SANTO

Vila Baleira
(Porto Santo)

*ARQUIPÉLAGO
DA MADEIRA*

Porto Moniz   Santana
151   1862 △
Pico Ruivo
D
Funchal   *Desertas*

ILHA DA MADEIRA

A | B

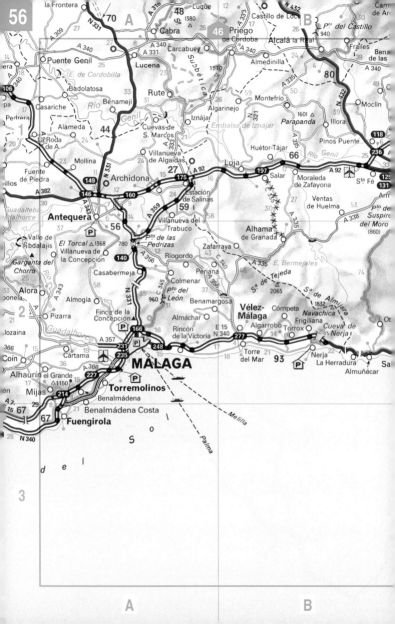

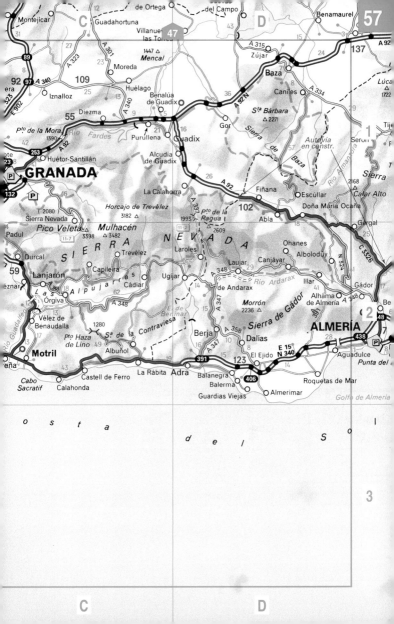

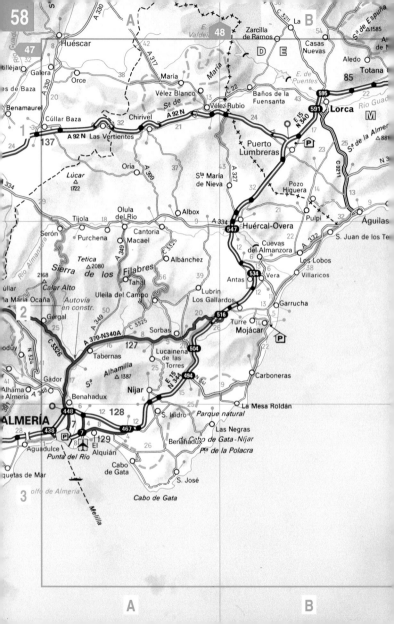

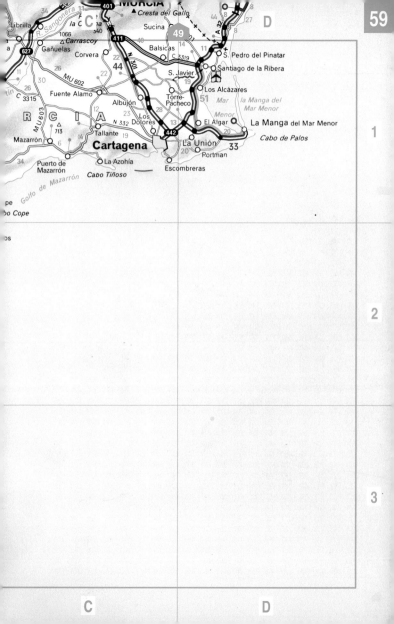

MURCIA
Cresta del Gallo
Librilla
R. Sangonera
la C   na
1066
△ Carrascoy
627
Gañuelas   Corvera
MU 602
Fuente Alamo
Albujón
R   G   I   A
713
Mazarrón
Puerto de
Mazarrón
△ La Azohía
Cabo Tiñoso
Golfo de Mazarrón
pe
o Cope
os

401
540
Sucina
411   Balsicas
49
44   N 301   S. Javier
22   C 3319   Los Alcázares
22   Torre-   51   Mar   la Manga del
Pacheco   Mar Menor
Menor
Los   El Algar
12   N 332   Dolores   La Manga del Mar Menor
28   13
Tallante   19   442   La Unión   33   Cabo de Palos
Cartagena   20   Portman
Escombreras

S. Pedro del Pinatar
Santiago de la Ribera

C   D

1

2

3

C   D

Distance table (diagonal column headers):

Albacete · Alicante / Alacant · Almería · Andorra la Vella · Badajoz · Barcelona · Bilbao · Burgos · Cáceres · Cádiz · Coimbra · Córdoba · La Coruña / A Coruña · Faro · Granada · León · Lérida / Lleida · Lisboa · Logroño

	Albacete	Alicante / Alacant	Almería	Andorra la Vella	Badajoz	Barcelona	Bilbao	Burgos	Cáceres	Cádiz	Coimbra	Córdoba	La Coruña / A Coruña	Faro	Granada	León	Lérida / Lleida	Lisboa	Logroño
Alicante / Alacant	169																		
Almería	354	291																	
Andorra la Vella	616	632	888																
Badajoz	533	709	621	1019															
Barcelona	516	532	787	186	1024														
Bilbao	643	812	946	561	701	613													
Burgos	485	654	788	606	542	611	163												
Cáceres	554	723	672	918	91	923	612	453											
Cádiz	610	642	447	1262	340	1133	1048	890	389										
Coimbra	760	929	878	1139	257	1144	696	536	301	598									
Córdoba	352	517	330	1004	280	874	791	632	329	265	538								
La Coruña / A Coruña	850	1019	1145	1083	692	1088	561	484	675	1089	412	988							
Faro	689	804	609	1342	345	1213	1128	970	434	322	460	343	861						
Granada	355	351	164	946	466	846	818	660	515	292	724	170	1017	454					
León	592	761	886	776	507	781	332	174	418	807	509	730	311	850	758				
Lérida / Lleida	483	499	754	155	867	174	456	454	766	1110	987	851	919	1190	813	624			
Lisboa	761	936	802	1247	225	1252	902	742	314	521	202	500	603	293	647	700	1095		
Logroño	571	645	880	471	671	476	139	132	582	983	665	724	600	1062	752	291	319	871	
	251	420	551	613	404	618	396	238	303	654	506	395	594	733	423	335	461	632	334
	464	474	201	1069	424	970	927	769	473	244	682	165	1126	413	125	866	937	605	862
	152	85	219	681	657	581	795	637	706	570	912	444	1002	731	279	742	548	924	723
	704	873	999	840	619	892	284	294	530	919	614	842	288	962	871	121	735	805	418
	562	651	908	477	753	482	161	214	664	1048	749	789	693	1128	818	384	325	955	94
	870	1039	1077	1141	400	1146	698	538	444	797	119	676	296	569	922	393	989	310	667
	464	633	758	838	304	843	398	238	215	604	300	473	460	647	630	202	687	504	367
	714	731	1017	460	772	561	103	234	683	1119	769	860	658	1199	889	403	404	975	158
	638	807	940	660	669	712	104	152	580	1043	664	784	464	1012	812	264	555	869	238
	351	520	646	652	392	657	358	200	303	748	463	489	530	828	518	271	500	615	327
	491	600	405	1143	217	1015	929	771	266	126	475	144	910	199	250	680	991	398	864
	248	417	507	683	371	688	467	309	270	609	517	350	664	689	379	405	531	599	403
	187	178	433	455	757	355	605	588	656	781	863	521	952	861	492	692	322	985	469
	448	617	743	723	422	728	280	120	333	722	417	587	440	765	615	138	572	621	249
	847	1016	1142	1118	542	1123	675	515	586	938	261	817	156	710	1014	361	966	452	644
	598	767	900	560	656	565	69	117	567	1003	650	744	597	1083	773	287	408	856	92
	411	500	755	303	720	308	308	307	619	963	842	704	786	1042	732	476	151	948	172

DISTANCIAS ENTRE LAS CIUDADES PRINCIPALES

El kilometraje está calculado desde el centro de la ciudad y por la carretera más práctica para el automovilista, que no tiene porqué ser la más corta.

DISTANCIAS ENTRE AS CIDADES PRINCIPAIS

As distâncias são calculadas desde o centro da cidade e pela estrada mais prática para o automobilista mas que não é necessariamente a mais curta.

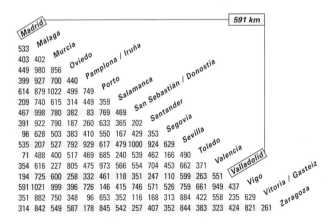

591 km

Madrid	Málaga	Murcia	Oviedo	Pamplona / Iruña	Porto	Salamanca	San Sebastián / Donostia	Santander	Segovia	Sevilla	Toledo	Valencia	Valladolid	Vigo	Vitoria / Gasteiz	Zaragoza
533																
403	402															
449	980	856														
399	927	700	440													
614	879	1022	499	749												
209	740	615	314	449	359											
467	998	780	382	83	769	469										
391	922	790	187	260	633	365	202									
96	628	503	383	410	550	167	429	353								
535	207	527	792	929	617	479	1000	924	629							
71	488	400	517	469	685	240	539	462	166	490						
354	616	227	805	475	973	566	554	704	453	662	371					
194	725	600	258	332	461	118	351	247	110	599	263	551				
591	1021	999	396	726	146	415	746	571	526	759	661	949	437			
351	882	750	348	96	653	352	116	168	313	884	422	558	235	629		
314	842	549	587	178	845	542	257	407	352	844	383	323	424	821	261	

ÍNDICE DE LOCALIDADES

12 B2 : Envio a la página del atlas y cuadrícula correspondiente

ÍNDICE DAS LOCALIDADES

12 B2 : Número da página e coordenadas da quadrícula

España - Espanha

A

Abades 26 A2
Abadiño 7 D2
Abanilla 49 C2
Abejar 15 C3
Abejuela 39 D1
Abenójar 36 B3
Abiego 17 D2
Abla 57 D1
Acebo 24 A3
Acedo 7 D3
Acehuche 34 B1
Aceuchal 34 B3
Adamuz 46 A2
Adanero 26 A2
Ademuz 39 C1
Adra 57 D2
Adrada (La) 26 A3
Adradas 27 D1
Adrall 18 B2
Agaete 51 C3
Àger 18 A3
Agoitz / Aoíz 8 B3
Agost 49 D2
Agramunt 18 B3
Ágreda 16 A3
Aguadulce
(Almería) 57 D2
Aguadulce (Sevilla) .. 55 D1
Aguaviva 29 D2
Agudo 36 A3
Aguilafuente 26 B1
Aguilar
de Campóo 6 A3
Aguilar
de la Frontera 46 A3
Aguilar
del Alfambra 29 C3
Águilas 58 B1
Ahigal 24 B3
Aigua Blava 21 D2
Ainsa 17 D2

Ainzón 16 B3
Ajo 6 B1
Alacant / Alicante .. 49 D2
Alaejos 25 D1
Alagón 16 B3
Alaior 41 C1
Alameda 56 A1
Alamillo 46 A1
Alange 34 B3
Alanís 45 C2
Alar del Rey 6 A3
Alaraz 25 D2
Alarcón 38 B2
Alatoz 39 C3
Alba de Tormes 25 D2
Albacete 38 B3
Albaida 49 D1
Albaladejo 47 D1
Albalate de Cinca .. 17 D3
Albalate
de las Nogueras .. 28 A3
Albalate
del Arzobispo 29 D2
Albánchez 58 A2
Albarca 30 B1
Albares
de la Ribera 4 B3
Albarracín 28 B3
Albatana 48 B1
Albatera 49 D2
Alberca
de Záncara (La) 38 A2
Alberca (La) 24 B2
Alberguería
de Argañán (La) .. 24 A2
Alberic 39 D3
Albocàsser 30 A3
Alboloduy 57 D2
Albolote 56 B1
Alborea 39 C3
Albox 58 A1
Albuera (La) 34 A3
Albujón 49 C3

Albuñol 57 C2
Alburquerque 34 A2
Alcadozo 48 B1
Alcalá
de Guadaira 55 C1
Alcalá de Henares .. 27 C3
Alcalá de la Selva .. 29 C3
Alcalá
de los Gazules 55 C3
Alcalà de Xivert 30 A3
Alcalá del Júcar 39 C3
Alcalá del Río 44 B3
Alcalá la Real 56 B1
Alcampel 18 A3
Alcanar 30 A3
Alcántara 34 A1
Alcantarilla 49 C3
Alcañices 12 A3
Alcañiz 29 D2
Alcaracejos 45 D1
Alcaraz 48 A1
Alcarràs 30 A1
Alcaudete
de la Jara 36 A1
Alcaudete 46 B3
Alcaufar 41 D1
Alcázar
de San Juan 37 D2
Alcázares (Los) 49 D3
Alceda 6 B2
Alcoba
de los Montes 36 B2
Alcobendas 26 B3
Alcocer 27 D3
Alcoi / Alcoy 49 D1
Alcolea de Cinca 17 D3
Alcolea del Pinar 27 D2
Alcolea del Río 45 C3
Alcolea 46 A2
Alconchel 44 A1
Alcora (L') 40 A1
Alcorisa 29 D2
Alcossebre 40 B1

Alcover.................. 31 C1
Alcoy / Alcoi........... 49 D1
Alcubierre 17 C3
Alcubilla
  de Avellaneda...... 15 C3
Alcublas 39 D2
Alcúdia
  de Crespins (L')... 39 D3
Alcudia de Guadix. 57 D1
Alcúdia (L') 39 D3
Alcúdia 41 C2
Alcuéscar 34 B2
Aldea del Cano 34 B2
Aldea del Fresno ... 26 A3
Aldea del Rey 46 B1
Aldea (L') 30 B2
Aldea Quintana 45 D3
Aldeacentenera 35 D2
Aldeanueva
  de Ebro 16 A2
Aldeanueva
  de la Vera 25 C3
Aldeanueva
  del Camino 24 B3
Aledo 48 B3
Alfajarín 17 C3
Alfambra 29 C3
Alfaro 16 A2
Alfarràs 18 A3
Alfàs del Pí (L') 50 A2
Algaba (La) 44 B3
Algaida 41 C2
Algar de Palància .. 40 A2
Algar (El) 59 D1
Algar 55 C2
Algarinejo 56 B1
Algarrobo 56 B2
Algatocín 55 C2
Algeciras 55 C3
Algemesí 40 A3
Alginet 40 A3
Algodonales 55 C2
Algora 27 D2
Alhama
  de Almería 57 D2
Alhama
  de Aragón 28 A1
Alhama
  de Granada 56 B2
Alhama de Murcia .. 48 B3
Alhambra 37 D3
Alhaurín
  el Grande 56 A2
Alhóndiga 27 D3
Alía 35 D2
Aliaga 29 C3
Aliaguilla 39 C2
Alicante / Alacant .. 49 D2
Alicún de Ortega 47 C3
Alinyà 19 C2
Aliseda 34 B2

Aljucén 34 B3
Allariz 11 C1
Allepuz 29 C3
Allo................. 8 A3
Alloza 29 D2
Almacelles 18 A3
Almáchar 56 A2
Almadén
  de la Plata 44 B2
Almadén 36 A3
Almadenejos 46 A1
Almagro 37 C3
Almajano 15 D3
Almansa 49 C1
Almanza 13 C1
Almaraz 35 D1
Almarcha (La) 38 A2
Almargen 55 D1
Almarza 15 D3
Almàssora 40 A1
Almazán 27 D1
Almedinilla 56 B1
Almeida 24 B1
Almenar de Soria .. 15 D3
Almenar 18 A3
Almenara 40 A2
Almendral 34 A3
Almendralejo 34 B3
Almendro (El) 43 D3
Almería 58 A3
Almerimar 57 D2
Almodóvar
  del Campo........... 46 B1
Almodóvar
  del Pinar 38 B2
Almodóvar
  del Río 45 D3
Almogía 56 A2
Almoguera 27 C3
Almoharín 35 C2
Almonacid
  de Toledo 37 C1
Almonacid
  de Zorita 27 D3
Almonaster
  la Real 44 A2
Almonte 54 A1
Almoradí 49 D2
Almorox 26 A3
Almudévar............. 17 C2
Almunia de Doña
  Godina (La) 28 B1
Almuñécar 56 B2
Almuradiel 47 C2
Álora 56 A2
Alosno 43 D3
Alozaina 55 D2
Alp 19 C2
Alpera............. 39 C3

Alquían (El) 58 A3
Altea 50 A2
Altorricón............. 18 A3
Altsasu 8 A3
Altura 39 D1
Alustante 28 B3
Alzira 40 A3
Alzola 7 D2
Ambasaguas 5 C3
Amer 20 B2
Ametlla
  de Mar (L') 30 B2
Amorebieta 7 D2
Ampolla (L') 30 B2
Amposta 30 B3
Ampudia 13 D2
Ampuero 7 C1
Amurrio 7 C2
Amusco 14 A2
Anchuras 36 A2
Andoain 8 A2
Andorra la Vella 19 C1
Andorra 29 D2
Andosilla 16 A2
Andraitx / Andratx.. 40 B2
Andratx / Andraitx.. 40 B2
Andújar 46 B2
Anglès 21 C2
Anglesola 18 B3
Angüés 17 D2
Anguiano 15 D2
Ansó 9 C3
Antas 58 B2
Antequera 56 A1
Antilla (La) 53 D1
Añover de Tajo 37 C1
Aoíz / Agoitz.......... 8 B3
Aracena 44 A2
Arahal (El) 55 C1
Aranda de Duero... 14 B3
Aranjuez............. 37 C1
Arantzazu 7 D2
Aras de Alpuente .. 39 C1
Aravaca 26 B3
Arbeca 30 B1
Arbúcies 19 D3
Archena 49 C2
Archidona 56 A1
Arcos de Jalón 28 A1
Arcos
  de la Frontera 55 C2
Arcos (Los) 8 A3
Arcos 14 B2
Arcusa 17 D2
Ardales 55 D2
Ardisa 17 C2
Areeta............. 7 C1
Arenas
  de Cabrales......... 5 D2
Arenas
  de San Juan 37 C3

Arenas
de San Pedro 25 D3
Arenas de Iguiña 6 A2
Arenys de Mar 20 B3
Ares 3 C1
Arévalo 26 A1
Argamasilla
de Alba 37 D3
Argamasilla
de Calatrava 46 B1
Arganda 27 C3
Argente 29 C2
Argentona 20 B3
Arguedas 16 A2
Arguellite 48 A2
Arguis 17 C2
Aribe 8 B3
Arija 6 B3
Ariño 29 D2
Ariza 28 A1
Arjona 46 B1
Arlanzón 14 B2
Armilla 57 C1
Arnedillo 15 C2
Arnedo 16 A2
Arnés 30 A2
Aroche 44 A2
Arquillos 47 C2
Arrabal 10 A1
Arrasate /
Mondragón 7 D2
Arrecife 51 D2
Arredondo 6 B2
Arrigorriaga 7 C2
Arriondas 5 D2
Arroba
de los Montes 36 A3
Arroyo
de San Serván 34 B3
Arroyo del Ojanco .. 47 D2
Arroyo de la Luz ... 34 A2
Arroyomolinos
de Léon 44 B2
Arroyomolinos
de Montánchez 35 C2
Artà 41 C2
Artajona 8 A3
Artés 19 C3
Artesa de Segre 18 B3
Arties 18 B1
Artziniega 7 C2
Arucas 51 D2
Arzúa 3 C2
Ascó 30 B1
Asín 16 A2
Aspe 49 D2
Astillero (El) 6 B1
Astorga 12 A3
Astudillo 14 A2
Ataquines 25 D1
Ateca 28 B1

Atienza 27 D1
Atios 3 C1
Atzeneta
del Maestrat 40 A1
Auritz 8 B2
Autol 16 A2
Ávila 26 A2
Avilés 5 C1
Avión 10 B1
Ayamonte 53 D1
Ayerbe 17 C2
Ayllón 27 C1
Ayna 48 A1
Ayora 39 C3
Azaila 29 D1
Azkoitia 7 D2
Aznalcázar 54 B1
Aznalcóllar 44 B3
Azohía (La) 59 C1
Azpeitia 8 A2
Azuaga 45 C1
Azuara 29 C1
Azuel 46 A2
Azuqueca
de Henares 27 C3

B

Baamonde 3 D2
Badajoz 34 A3
Badalona 20 B3
Badolatosa 56 A1
Badules 28 B1
Baena 46 A3
Baeza 47 C2
Bàga 19 C2
Bailén 46 B2
Baio 2 B2
Baiona 10 A1
Baiuca (A) 2 B1
Bakio 7 D1
Balaguer 18 A3
Balanegra 57 D2
Balazote 48 A1
Balerma 57 D2
Ballobar 17 D3
Balmaseda 7 C2
Balneario
de Panticosa 9 D3
Balsareny 19 C3
Balsicas 49 C3
Baltanás 14 A2
Baltar 11 C2
Bande 11 C1
Banyalbufar 40 B2
Banyeres
de Mariola 49 D1
Banyoles 21 C2
Bañeza (La) 12 B1
Bañón 29 C2

Baños de Cerrato .. 14 A2
Baños
de la Encina 46 B2
Baños
de la Fuensanta .. 48 B3
Baños de Molgas .. 11 C1
Baños
de Montemayor .. 24 B3
Baqueira 18 B1
Barajas de Melo 37 D1
Barakaldo 7 C2
Baralla 3 D3
Baraona 27 D1
Barbadillo
del Mercado 15 B2
Barbastro 17 D3
Barbate 54 B3
Barca
de la Florida (La) .. 54 B2
Barcarrota 44 A1
Barcelona 20 B3
Barco de Ávila (El) .. 25 C3
Barco (O) 12 A1
Barcones 27 D1
Bargas 36 B1
Barlovento 50 A3
Barrachina 29 C2
Barraco 26 A3
Barranda 48 B2
Barrax 38 A3
Barrela (La) 3 C3
Barrios (Los) 55 C3
Barruecopardo 24 A1
Barruelo
de Santullán 6 A2
Bàscara 21 C1
Basconcillos
del Tozo 6 B3
Batea 30 A2
Baza 57 D1
Beariz 2 B3
Beas de Segura 47 D2
Beas 44 A3
Beasain 8 A2
Becedas 25 C3
Beceite 30 A2
Becerreá 3 D3
Becilla
de Valderaduey .. 13 C2
Bedmar 47 C3
Begues 20 A3
Begur 21 C2
Behobia 8 A2
Béjar 25 C3
Bel 30 A3
Belalcázar 45 D1
Belchite 29 C1
Belianes 30 B1
Bell-lloc d'Urgell ... 18 A3
Bellcaire d'Urgell ... 18 B2
Bello 28 B2

Bellpuig 18 B3
Bellver
de Cerdanya 19 C2
Bélmez 45 D2
Belmonte
de Miranda 4 B2
Belmonte 38 A2
Belorado 15 C1
Belver 17 D3
Belvís de la Jara 36 A1
Bembibre 4 B3
Benabarre 18 A2
Benaguasil............. 39 D2
Benahadux............. 58 A2
Benalmádena-
Costa 56 A2
Benalmádena 56 A2
Benalúa
de Guadix 57 C1
Benalúa
de las Villas......... 56 B1
Benamargosa 56 A2
Benamaurel 47 D3
Benamejí 56 A1
Benaoján 55 D2
Benasque 18 A1
Benassal................ 29 D3
Benavente 13 C2
Benavides 12 B1
Benicarló 30 A3
Benicasim /
Benicàssim 40 B1
Benicàssim /
Benicasim 40 B1
Benidorm............... 50 A2
Benifaió 40 A3
Benissa 50 A2
Benquerencia
de la Serena 45 C1
Bera 8 A2
Berbegal................ 17 D3
Berberana 7 C2
Beret 18 B1
Berga 19 C2
Bergara 7 D2
Berja 57 D2
Berlanga................ 45 C1
Berlanga
de Duero 27 D1
Bermeo 7 D1
Bermillo
de Sayago 12 B3
Berrón (El) 5 C2
Bertamiráns 2 B2
Berzocana 35 D2
Besalú 21 C1
Besande 5 D2
Betancuria 51 D3
Betanzos 3 C2
Betelu 8 A2
Bétera................... 40 A2

Beteta 28 A3
Bezas 28 B3
Béznar 57 C2
Biar....................... 49 D1
Biasteri /
Laguardia 7 D3
Bielsa 18 A1
Bienvenida............. 44 B1
Biescas 9 D3
Bilbao 7 C2
Binaced 17 D3
Binéfar 18 A3
Bisbal
de Falset (La) 30 B1
Bisbal
d'Empordà (La).... 21 C2
Blanca 49 C2
Blanes 21 C3
Boal 4 A2
Bocairent 49 D1
Boceguillas 26 B1
Bodón (El) 24 A2
Boecillo 13 D3
Boeza 4 B3
Bogarra 48 A1
Boiro..................... 2 B3
Bóixols 18 B2
Bolaños
de Calatrava 37 C3
Bollullos
de la Mitación...... 43 B3
Bollullos
del Condado 44 A3
Bolo (O) 11 D1
Boltaña.................. 17 D2
Bonares 44 A3
Bonete 49 C1
Bonillo (El) 38 A3
Boñar 5 C3
Borges
Blanques (Les) 30 B1
Borja 16 B3
Bornos 55 C2
Borriana /
Burriana 40 A1
Borriol 40 A1
Bosque (El) 55 C2
Bossòst 18 A1
Bóveda.................. 3 D3
Bóveda
de Toro (La) 13 C3
Brañosera 6 A2
Brazatortas............ 46 B3
Brea 28 B1
Breda 20 B2
Brenes 45 C3
Brihuega 27 D2
Briviesca 7 C3
Bronchales 28 B3
Broto 9 D3
Brozas 34 B1

Brués 3 C3
Brunete 26 B3
Buenache
de Alarcón............ 38 B2
Buenavista
de Valdavia 13 D1
Buendía 27 D3
Bueu 10 B1
Buitrago
del Lozoya............ 26 B2
Bujalance 46 A2
Bujaraloz 29 D1
Bullas 48 B3
Buñuel 16 B3
Buñol 39 D2
Burbáguena............ 28 B2
Burela 3 D1
Burgo (El)............... 55 D2
Burgo
de Osma (El) 15 C3
Burgohondo 25 D3
Burgo Ranero (El) .. 13 D1
Burgos 14 B1
Burgui 9 C3
Burguillos
del Cerro 44 A1
Burjassot 40 A2
Burriana /
Borriana 40 A1
Busto de Bureba 7 C3

C

Cabaco (El)............. 24 B2
Cabanes 40 A1
Cabañaquinta 5 C2
Cabeza del Buey 35 D3
Cabezas de
San Juan (Las) 54 B1
Cabezas Rubias 43 D2
Cabezón 13 D3
Cabezón de la Sal .. 6 A1
Cabezuela
del Valle 25 C3
Cabo de Gata......... 58 A3
Cabra 46 A3
Cabra
del Santo Cristo .. 47 C3
Cabreiros 3 D1
Cabrera (La)........... 26 B2
Cabrillas 24 B2
Cabuerniga 6 A2
Cacabelos 4 A3
Cáceres 34 B2
Cachafeiro 2 B3
Cádabo (O)............ 3 D2
Cadalso
de los Vidrios 26 A3
Cadaqués 21 D1
Cádiar.................... 57 C2

Cádiz	54	B2
Caión	2	B1
Cala en Porter	41	D1
Cala Rajada	41	D2
Calabor	12	A2
Calaceite	30	A2
Calaf	19	C3
Calafell	31	C1
Calahonda	57	C2
Calahorra (La)	57	D1
Calahorra	16	A2
Calamocha	28	B2
Calanda	29	D2
Calañas	44	A3
Calasparra	48	B2
Calatañazor	15	C3
Calatayud	28	B1
Calatorao	28	B1
Calcena	16	A3
Caldas de Besayas (Las)	6	A1
Caldas de Reis	2	B3
Caldes de Boí	18	B1
Caldes de Malavella	21	C2
Caldes de Montbui	20	B3
Calella	21	C3
Calella de Palafrugell	21	C2
Calera de León	44	B2
Calera y Chozas	36	A1
Caleruega	14	B3
Càlig	30	A3
Callosa de Segura	49	C2
Callosa d'en Sarrià	50	A2
Caló de Sant Agustí	51	D2
Calonge	21	C2
Calp / Calpe	50	A2
Calpe / Calp	50	A2
Calzada de Calatrava	46	B1
Calzada de Oropesa (La)	35	D1
Calzada de Valdunciel	25	C1
Camaleño	5	D3
Camarasa	18	B3
Camarena	36	B1
Camarillas	29	C3
Camariñas	2	A2
Camarzana de Tera	12	B2
Camas	44	B3
Cambados	2	B3
Cambil	47	C3
Cambre	3	C1
Cambrils de Mar	30	B2
Caminomorisco	24	B3
Caminreal	28	B2
Campana (La)	45	C3
Campanario	35	C3
Campanas	8	A3
Campaspero	14	A3
Campello (El)	49	D2
Campillo de Altobuey	38	B2
Campillo de Aragón	28	A1
Campillo de Arenas	46	B3
Campillo de Llerena	45	C1
Campillos	55	D1
Campo de Caso	5	C2
Campo de Criptana	37	D2
Campo del Hospital	3	C1
Campo	18	A2
Campo de Peñaranda (El)	25	D1
Campomanes	5	C2
Campóo (Alto)	6	A2
Camporrobles	39	C2
Campos	41	C3
Camprodon	19	D2
Camuñas	37	C2
Canales	15	C2
Canals	49	D1
Cancarix	48	B2
Candanchú	9	C3
Candás	5	C1
Candasnos	30	A1
Candelario	25	C3
Candeleda	25	C3
Canero	4	B1
Canet de Mar	20	B3
Canfranc-Estación	9	C3
Cangas	10	B1
Cangas del Narcea	4	A2
Cangas de Onís	5	D2
Caniles	57	D1
Canjáyar	57	C2
Cantalapiedra	25	D1
Cantalejo	26	B1
Cantalpino	25	D1
Cantavieja	29	D3
Cantillana	45	C3
Cantoral	6	A2
Cantoria	58	A2
Cañigral (El)	39	C1
Cañada de Benatanduz	29	D3
Cañamero	35	D2
Cañaveral de León	44	A2
Cañaveral	34	B1
Cañaveras	27	D3
Cañete de las Torres	46	A3
Cañete la Real	55	D2
Cañete	39	C1
Cañiza (A)	10	B1
Cañizal	25	C1
Caparroso	16	A2
Capellades	20	A3
Capileira	57	C2
Capmany	21	C1
Caracuel de Calatrava	36	B3
Caravaca de la Cruz	48	B2
Carbajales de Alba	12	B3
Carballiño	11	C1
Carballo	2	B2
Carboneras de Guadazaón	38	B1
Carboneras	58	B2
Carbonero el Mayor	26	A1
Carcaboso	24	B3
Carcabuey	56	A1
Carcagente / Carcaixent	40	A3
Carcaixent / Carcagente	40	A3
Carcastillo	16	B2
Cardedeu	19	D3
Cardenete	38	B2
Cardeña	46	A2
Cardona	19	C3
Cariñena	29	C1
Cariño	3	C1
Carlet	39	D3
Carlota (La)	45	D3
Carmona	45	C3
Carnota	2	A2
Carolina (La)	47	C2
Carpio de Tajo (El)	36	B1
Carpio (El)	46	A2
Carracedelo	12	A1
Carral	3	C2
Carrascosa del Campo	38	A1
Carrenza	7	C2
Carreña	5	D2
Carrió	3	C2
Carrión de Calatrava	37	C3
Carrión de los Condes	13	D1
Carrizo	13	C1
Cartagena	59	C1
Cártama	56	A2
Cartaya	43	D3
Casabermeja	56	A2
Casaio	12	A1
Casalarreina	7	C3

Casar de Cáceres.... 34 B1
Casar de
 Talamanca (El) 27 C2
Casarabonela.......... 55 D2
Casares
 de las Hurdes 24 B2
Casares 55 C3
Casariche 56 A1
Casas
 de Don Pedro 35 D3
Casas de
 Fernando
 Alonso 38 A2
Casas
 de Juan Núñez 39 C3
Casas de Luján 37 D1
Casas de Miravete.. 35 C1
Casas del Puerto 49 C2
Casas Ibáñez 39 C3
Casas Nuevas 48 B3
Casasimarro 38 B2
Casatejada 35 D1
Casavieja 25 D3
Cascante 16 A2
Casetas................... 16 B3
Casicas
 del Río Segura 48 A2
Casillas de Coria 24 A3
Casinos 39 D2
Caspe 30 A1
Cassà de la Selva .. 21 C2
Castalla 49 D1
Castejón
 de Monegros 17 D3
Castejón de Sos 18 A1
Castejón
 de Valdejasa 16 B3
Castejón 16 A2
Castell de Ferro 57 C2
Castellar
 de la Muela 28 B2
Castellar
 de Santiago.......... 47 C1
Castellar
 de Santisteban 47 D2
Castellar
 del Vallès.............. 20 B3
Castelldans 30 B1
Castelldefels 20 A3
Castellfollit
 de la Roca 20 B1
Castelló de la
 Plana / Castellón
 de la Plana 40 A1
Castelló de Rugat .. 49 D1
Castelló
 d'Empúries 21 C1
Castellolí 20 A3
Castellón de la
 Plana / Castelló
 de la Plana 40 A1

Castellote 29 D2
Castellterçol............ 19 D3
Castelserás 29 D2
Castilblanco
 de los Arroyos 44 B3
Castilblanco............ 35 D2
Castilleja
 del Campo............ 44 B3
Castilléjar 47 D3
Castillejo
 de Martín Viejo 24 A2
Castillo de
 las Guardas (El) .. 44 B3
Castillo
 de Locubín 46 B3
Castillo
 y Elejabeitia 7 D2
Castilruiz 16 A3
Castrejón 25 D1
Castril 47 D3
Castrillo
 de la Reina 15 C2
Castrillo
 de Villavega 6 A3
Castro Caldelas 11 D1
Castro del Río 46 A3
Castro-Urdiales 7 C1
Castro..................... 3 D2
Castrocalbón 12 B1
Castrocontrigo........ 12 B1
Castrojeriz 14 A2
Castromonte 13 C3
Castronuevo 13 C3
Castronuño 13 C3
Castropol 4 A1
Castrotierra 13 C1
Castroverde
 de Campos 13 C2
Castroverde 3 D2
Castuera................. 35 D3
Catoira 2 B3
Catral 49 D2
Caudete 49 C1
Caudiel 39 D1
Cazalla
 de la Sierra 45 C2
Cazorla 47 D3
Cea 3 C3
Cebolla 36 A1
Cebreros 26 A3
Ceclavín 34 B1
Cedeira 3 C1
Cedillo 33 D1
Cedrillas 29 C3
Cehegín 48 B2
Celanova 11 C1
Cella 28 B3
Cenicero 7 D3
Centelles 19 D3
Centenillo (El) 46 B2
Cercedilla 26 B2

Cerdedo 2 B3
Cerezo de Riotirón .. 7 C3
Cerezo de Abajo 26 B1
Cerler 18 A1
Cerro
 de Andévalo (El) .. 44 A2
Cervatos
 de la Cueza 13 D1
Cervatos................. 6 A2
Cervera
 de la Cañada 28 B1
Cervera
 de Pisuerga.......... 6 A2
Cervera
 del Río Alhama 16 A2
Cervera 18 B3
Cervo 3 D1
Cespedosa 25 C2
Cetina 28 A1
Ceutí..................... 49 C2
Cevico
 de la Torre........... 14 A2
Chantada 3 C3
Chapinería 26 A3
Cheles 43 D1
Chelva 39 D2
Chera 39 D2
Cheste 39 D2
Chiclana
 de la Frontera 54 B3
Chinchilla de
 Monte Aragón 38 B3
Chinchón 37 C1
Chipiona 54 A2
Chirivel.................. 58 A1
Chiva 39 D2
Cidones 15 D3
Ciempozuelos 26 B3
Cieza..................... 49 C2
Cifuentes 27 D2
Cillas 28 A2
Cilleros 24 A3
Cilleruelo
 de Bezana 6 B2
Cinctorres 29 D3
Cintruénigo 16 A2
Ciórraga 7 C2
Ciria 16 A3
Cisneros 13 C2
Cistierna................ 5 D3
Ciudad Real 36 B3
Ciudad Rodrigo 24 A2
Ciutadella
 de Menorca.......... 41 D1
Coaña 4 A1
Cobeña 27 D3
Coca 26 A1
Cocentaina 49 D1
Codos 28 B1
Codosera (La) 34 A2
Cofrentes 39 C3

Cogolludo 27 C2
Coín 55 D2
Colinas 54 B1
Colindres 6 B1
Coll de Nargó 18 B2
Colmenar
de Oreja 37 D1
Colmenar Viejo 26 B2
Colmenar 56 A2
Colombres 6 A1
Colomera 56 B1
Colunga 5 D2
Coma-ruga 31 C2
Combarro............... 2 B3
Comillas 6 A1
Cómpeta 56 B2
Congosto
de Valdavia 13 D1
Conil
de la Frontera 54 B3
Conquista............... 46 A1
Constantina 45 C2
Consuegra 37 C2
Cope..................... 58 B1
Corconte 6 B2
Corcubión 2 A2
Córdoba 46 A2
Cordobilla
de Lácara............. 34 B2
Corduente 28 A2
Corella 16 A2
Coreses 13 C3
Corgo 3 D3
Coria del Río 54 B1
Coria.................... 24 A3
Corias................... 4 A2
Coripe................... 55 C1
Cornago 16 A2
Cornellana 4 B2
Coronada (La) 35 C2
Coronil (El)............ 55 C1
Corral
de Almaguer........ 37 D1
Corralejo 51 D2
Corrales
de Buelna (Los).... 6 A2
Corrales del Vino.... 12 B3
Corredoiras 3 C2
Corte de Peleas 34 B3
Cortegada 11 C1
Cortegana 44 A2
Cortes de Aragón .. 29 C2
Cortes de Baza...... 47 D3
Cortes
de la Frontera 55 C2
Cortes.................. 16 B3
Cortijos
de Abajo (Los) 36 B2
Cortijos Nuevos..... 47 D2
Coruña (A) /
La Coruña 3 C1

Coruña (La) /
A Coruña............. 3 C1
Corvera
de Toranzo 6 A2
Corvera 49 C3
Covadonga 5 D2
Covarrubias 14 B2
Coves de
Vonromà (Les) 30 A3
Crevillent 49 D2
Cristianos (Los) 50 B3
Cuacos de Yuste 25 C3
Cualedro 11 C2
Cubel 28 B2
Cubillo (El) 39 C1
Cubo de
Don Sancho (El) .. 24 B1
Cubo de Tierra
del Vino (El) 25 C1
Cudillero 4 B1
Cuéllar 26 A1
Cuenca 38 B1
Cuerva 36 B2
Cuervo (El)............ 54 B2
Cuevas de
San Clemente 14 B2
Cuevas
de San Marcos 56 A1
Cuevas
del Becerro 55 D2
Cuevas
del Campo 47 D3
Cuevas del Valle ... 25 D3
Cuevas
del Almanzora 58 B2
Cúllar Baza............ 58 A1
Cullera 40 A3
Cumbre (La) 35 C2
Cumbres Mayores.. 44 A2
Cuntis 2 B3
Curtis 3 C2

D

Daimiel................. 37 C3
Daimús 50 A1
Dalías 57 D2
Daroca 28 B2
Deba 7 D2
Degaña................. 4 A3
Dehesa
de Montejo 6 A2
Deià 40 B2
Deleitosa 35 D1
Deltebre 30 B3
Dénia 50 A1
Destriana 12 B1
Deza 28 A1
Diego Alvaro 25 C2
Diezma 57 C1

Dolores (Los) 59 C1
Dolores.................. 49 D2
Don Benito............ 35 C3
Doneztebe 8 A2
Donostia /
San Sebastián..... 8 A2
Doña María
Ocaña 57 D1
Doña Mencía 46 A3
Dosbarrios 37 C1
Dos Hermanas........ 54 B1
Driebes 27 C3
Dueñas................. 13 D2
Dumbría................ 2 A2
Durango 7 D2
Dúrcal 57 C2
Duruelo 15 C2

E

Echo 9 C3
Écija 45 D3
Egüés 8 B3
Eibar.................... 7 D2
Eivissa / Ibiza 51 D1
Ejea de
los Caballeros...... 16 B2
Ejido (El) 57 D2
Ejulve 29 D2
Elche de la Sierra .. 48 A2
Elche / Elx 49 D2
Elda 49 D2
Elgoibar 7 D2
Elizondo 8 B2
Elorrio 7 D2
Elx / Elche 49 D2
Embid de Ariza 28 A1
Embid 28 B2
Encamp 19 C1
Encinas de Abajo .. 25 C1
Encinasola 44 A2
Encinedo 12 A1
Endrinal 25 C2
Enfesta 2 B2
Enguera 39 D3
Enguídanos 39 C2
Épila 16 B3
Erla 17 C2
Erratzu 8 B2
Esblada 31 C1
Escairón 3 D3
Escala (L') /
La Escala 21 C2
Escala (La) /
L'Escala 21 C2
Escalada............... 6 B3
Escalante 6 B1
Escaldes
Engordany 19 C1
Escalona................ 26 A3

Escalonilla 36 B1
Escároz................... 8 B3
Escatrón 29 D1
Escombreras 59 D1
Escorial (El) 26 A2
Escorihuela 29 C3
Escullar 57 D1
Escurial 35 C2
Esguevillas
  de Esgueva 14 A3
Eskoriatza............... 7 D2
Espadañedo............ 12 A2
Esparreguera.......... 20 A3
Espejo 46 A3
Espera 55 C2
Espiel 45 D2
Espina (La)............. 4 B2
Espinama 5 D3
Espinar (El) 26 A2
Espinilla 6 A2
Espinosa
  de Cerrato 14 A2
Espinosa
  de los Monteros .. 6 B2
Espluga
  de Francolí (L') 30 B1
Esporles 40 B2
Espot 18 B1
Espunyola (L') 19 C3
Esquedas 17 C2
Esquivias 37 C1
Estación
  de Salinas 56 A1
Estadilla (L') 18 A2
Estartit (L') 21 C2
Estella / Lizarra 8 A3
Estepa 55 D1
Estepona 55 D3
Esteras
  de Medinaceli 27 D1
Esterri d'Àneu 18 B1
Estrada (A)............. 2 B3
Etxarri-Aranatz 8 A3
Ezcaray................. 15 C2

F

Fabara 30 A1
Fabero 4 A3
Fábricas
  de Riópar........... 48 A1
Facinas.................. 55 C3
Falces 16 A2
Falset 30 B2
Farlete 17 C3
Favara 40 A3
Fayón 30 A1
Felanitx 41 C3
Felguera (La) 5 C2
Fene 3 C1

Feria 44 A1
Fermoselle 12 A3
Fernancaballero 36 B3
Fernán Núñez 46 A3
Ferreira................. 3 D1
Ferreras
  de Abajo 12 B2
Ferreries............... 41 D1
Ferreruela
  de Huerva 28 B2
Ferrol 3 C1
Figaró (El) 19 D3
Figueras /
  Figueres 21 C1
Figueres /
  Figueras 21 C1
Figueruela
  de Arriba 12 A2
Fiñana 57 D1
Fisterra................ 2 A2
Fitero 16 A2
Flix 30 B1
Folgoso
  de la Ribera 4 B3
Fombellida............ 14 A3
Fondevila 11 C2
Fondó
  de les Neus (El)... 49 D2
Fonfría 29 C2
Fonollosa 19 C3
Fonsagrada 4 A2
Font de
  la Figuera (La)...... 49 D1
Fontibre 6 A2
Fontiveros 25 D2
Fonz 18 A3
Forcall 29 D3
Forcarei 2 B3
Formigal (El) 9 D3
Fornells 41 D1
Fortuna 49 C2
Foz 3 D1
Fraga 30 A1
Frailes 56 B1
Frechilla 13 D2
Fregenal
  de la Sierra 44 A1
Fregeneda (La) 24 A1
Freixido 11 D1
Fresno Alhándiga . 25 C2
Frías
  de Albarracín 28 B3
Frías 7 C3
Frigiliana 56 B2
Friol 3 C2
Frómista................ 14 A2
Fronfría 12 B3
Frontera (La) 28 A3
Fuencaliente
  de la Palma 50 A3
Fuencaliente 46 A1

Fuendejalón............ 16 B3
Fuendetodos 29 C1
Fuengirola 56 A3
Fuenlabrada
  de los Montes...... 36 A3
Fuenlabrada........... 26 B3
Fuenmayor 7 D3
Fuensalida 36 B1
Fuensanta
  de Martos 46 B3
Fuensanta 5 C2
Fuente Álamo 49 C1
Fuente Álamo 49 C3
Fuente de Cantos .. 44 B1
Fuente de
  Pedro Naharro ... 37 D1
Fuente de Piedra .. 56 A1
Fuente de
  San Esteban (La) 24 B2
Fuente Dé............. 5 D2
Fuente
  del Maestre......... 44 B1
Fuente el Fresno ... 37 C3
Fuente el Sol 25 D1
Fuente Obejuna..... 45 C1
Fuente Palmera 45 D3
Fuentecén 14 B3
Fuenteguinaldo 24 A2
Fuentelapeña 25 C1
Fuentepinilla 15 C3
Fuenterrabía /
  Hondarribia......... 8 A2
Fuentes
  de Andalucía....... 45 C3
Fuentes
  de Ayódar 40 A1
Fuentes de Ebro ... 29 D1
Fuentes de Léon .. 44 A2
Fuentes de Nava 13 D2
Fuentes de Oñoro .. 24 A2
Fuentes de Ropel .. 13 C2
Fuentes
  de Valdepero 14 A2
Fuentesaúco 25 C1
Fuentidueña
  de Tajo 37 D1
Fuentidueña............ 14 A3
Fuerte del Rey 46 B3
Fustiñana 16 B2

G

Gádor 58 A2
Galapagar 26 B2
Galaroza................ 44 A2
Galdakao 7 D2
Gáldar 51 C3
Galende 12 A2
Galera.................... 47 D3
Galisteo 24 B3

Gallardos (Los) 58 B2
Gallur 16 B3
Gálvez 36 B1
Gándara 3 C1
Gandesa................... 30 A2
Gandia 49 A3
Gañuelas 49 C3
Garcia....................... 30 B2
Garciaz 35 D2
Garda (A) 10 A2
Garganta la Olla 25 C3
Garraf 31 D1
Garrafe de Torío 5 C3
Garray 15 D3
Garriga (La) 19 D3
Garrovillas 34 B1
Garrucha 58 B2
Gasteiz / Vitoria 7 D3
Gata de Gorgos...... 50 A1
Gata 24 A3
Gaucín 55 C3
Gauteguiz
   de Arteaga 7 D2
Gavà 20 A3
Gelsa 29 D1
Gerena 44 B3
Gérgal 58 A2
Gernika-Lumo 7 D2
Gerona / Girona...... 21 C2
Gerri de la Sal 18 B2
Getafe...................... 26 B3
Getxo......................... 7 C1
Gibraleón................ 43 D3
Gijón 5 C1
Gimenells................ 18 A3
Gineta (La) 38 B3
Girona / Gerona...... 21 C2
Gironella 19 C3
Golada 3 C3
Golpejas 25 C1
Gómara 15 D3
Gombrèn 19 D2
Gomecello 25 C1
Gondomar 10 B1
Gor 57 D1
Gradefes 13 D1
Grado (El)................ 17 D2
Grado 4 B2
Gran Tarajal........... 51 D3
Granada 57 C1
Granadella (La) 30 B1
Granadilla
   de Abona.............. 50 B3
Grandas
   de Salime 4 A2
Granja de
   Torrehermosa..... 45 C1
Granjuela (La) 45 D1
Granollers 20 B3
Grañén 17 C3
Grau de Castelló 40 A1

Grau
   de València (El).... 40 A2
Graus 18 A2
Grávalos 16 A2
Grazalema 55 C2
Griñón 26 B3
Grove (O) 2 A3
Guadahortuna 47 C3
Guadalajara 27 C2
Guadalaviar 28 B3
Guadalcanal........... 45 C2
Guadalest................ 50 A2
Guadalupe 35 D2
Guadarrama 26 B2
Guadassuar 39 D3
Guadiaro 55 C3
Guadix 57 C1
Guardamar
   del Segura............ 49 D3
Guardia
   de Jaén (La) 46 B3
Guardia (La)............ 37 C1
Guardias Viejas 57 D2
Guardo 5 D2
Guareña 35 C3
Guarromán 47 C2
Gudiña (A) 11 D2
Güeñes...................... 7 C2
Guía de Isora 50 B3
Guijo
   de Granadilla 24 B3
Guijuelo 25 C2
Guillena 44 B3
Güimar 50 B3
Guissona 18 B3
Guitiriz 3 C2
Gumiel de Hizán 14 B3
Guntín de Pallares... 3 D3
Gurrea de Gállego... 17 C3

H

Haría........................ 51 D2
Haro 7 C3
Helechal 45 D1
Hellín 48 B1
Herencia 37 C2
Hermida (La) 6 A1
Hermigua 50 B3
Hernani 8 A2
Hernansancho 26 A2
Herradura (La) 56 B2
Herrera
   de Alcántara 34 A1
Herrera
   de los Navarros ... 29 C1
Herrera
   de Pisuerga........... 6 A3
Herrera del Duque... 35 D3
Herrera..................... 55 D1

Herreruela 34 A2
Hervás 24 B3
Higuera
   de Arjona 46 B2
Higuera
   de la Serena 45 C1
Higuera
   de la Sierra 44 B2
Higuera
   de Vargas 44 A1
Higuera la Real 44 A2
Higueruela 39 C3
Híjar 29 D1
Hinojares 47 D3
Hinojosa
   de Duero 24 A1
Hinojosa
   del Duque 45 D1
Hinojosos (Los) 37 D2
Hondarribia /
   Fuenterrabía 8 A2
Honrubia
   de la Cuesta 14 B3
Honrubia 38 A2
Hontalbilla 26 B1
Hontoria
   del Pinar 15 C3
Horcajada (La) 25 C3
Horcajo
   de los Montes...... 36 A2
Horcajo
   de Santiago 37 D1
Horcajo
   Medianero............ 25 C2
Horche 27 C2
Hornachos 44 B1
Hornachuelos 45 D2
Hornos 47 D2
Horra (La) 14 B3
Hortezuela 27 D1
Hospital
   de Órbigo 12 B1
Hospitalet
   de l'Infant (L') 30 B2
Hostalric 21 C2
Hoyo
   de Pinares (El)...... 26 A3
Hoyos 24 A3
Huélago 57 C1
Huélamo 28 A3
Huelma.................... 47 C3
Huelva 43 D3
Huércal Overa 58 B1
Huérguina 39 C1
Huerta de
   Valdecarábanos ... 37 C1
Huerta del Rey....... 14 B3
Huertahernando 28 A2
Huerto 17 D3
Huesa 47 D3
Huesca 17 C2

Huéscar 48 A3
Huete 38 A1
Huétor Santillán 57 C1
Huétor Tájar........... 56 B1
Humada 6 A3
Humanes 27 C2

I

Ibi 49 D1
Ibiza / Eivissa 51 D1
Icod de los Vinos.... 50 B3
Iglesuela
  del Cid (La) 29 D3
Igualada 20 A3
Ilche 17 D3
Illana 27 D3
Illano 4 A2
Illar 57 D2
Illescas 26 B3
Illora 56 B1
Illueca 28 B1
Inca 41 C2
Infiesto 5 C2
Iniesta 38 B2
Irixoa 3 C2
Irún 8 A2
Iruña / Pamplona.... 8 A3
Irurtzun 8 A3
Isaba 9 C3
Iscar 26 A1
Isla Cristina 53 D1
Isla 6 B1
Isona 18 B2
Istán 55 D2
Iznájar................. 56 A1
Iznalloz 57 C1

J

Jabugo................. 44 A2
Jaca 9 C3
Jadraque 27 D2
Jaén 46 B3
Jana (La) 30 A3
Jaraba 28 A1
Jarafuel 39 C2
Jaraicejo 35 C1
Jaraiz de la Vera 25 C3
Jarandilla
  de la Vera 25 C3
Játiva / Xàtiva 39 D3
Jávea / Xàbia........ 50 A1
Jerez
  de la Frontera 54 B2
Jerez de
  los Caballeros..... 44 A1
Jérica 39 D1
Jerte 25 C3

Jimena
  de la Frontera 55 C3
Jimena 47 C3
Jódar 47 C3
Jonquera (La) 21 C1
Jumilla 49 C2
Juneda 30 B1
Justel 12 B2

L

Labacolla 2 B2
Labajos................. 26 A2
Labastida 7 D3
Lagartera 35 D1
Laguardia /
  Biasteri 7 D3
Laguarres 18 A2
Laguarta 17 D2
Laguna de Duero ... 13 D3
Laguna (La) 50 B3
Lalín 3 C3
Lalueza 17 D3
Lanaja.................. 17 D3
Landete 39 C1
Langa de Duero 14 B3
Lanjarón............... 57 C2
Lantejuela (La) 55 D1
Lanzahita 25 D3
Laperdiguera 17 D3
Laracha 2 B2
Laredo 7 C1
Laroles 57 D2
Larraga 8 A3
Lasarte 8 A2
Lastres 5 D2
Laudio / Llodio 7 C2
Laujar de Andarax.. 57 D2
Laxe 2 A2
Layos 36 B1
Laza 11 D1
Lebrija 54 B1
Lécera 29 C1
Leciñena............... 17 C3
Ledanca 27 D2
Ledaña 38 B2
Ledesma 24 B1
Leganés 26 B3
Legutiano /
  Villarreal 7 D2
Leiro 11 C1
Leitza 8 A2
Lekeitio 7 D1
Lekunberri 8 A2
León 13 C1
Lepe 53 D1
Lérida / Lleida 18 A3
Lerín 16 A1
Lerma 14 B2
Les 18 A1

Letur.................... 48 A2
Lezuza 38 A3
Librilla 49 C3
Liérganes 6 B1
Liétor 48 B1
Lillo..................... 37 D1
Linares de Mora 29 D3
Linares de Riofrío .. 24 B2
Linares 47 C2
Línea de la
  Concepción (La) .. 55 C3
Linyola 18 B3
Liria / Llíria 39 D2
Lizarra / Estella 8 A3
Llagostera 21 C2
Llançà 21 C1
Llanes.................. 5 D2
Llanos
  de Aridane (Los).. 50 A3
Llavorsí 18 B1
Lleida / Lérida 18 A3
Llera 44 B1
Llerena 44 B1
Lles 19 C2
Llessui 18 B2
Llíria / Liria 39 D2
Llodio / Laudio...... 7 C2
Lloret de Mar 21 C3
Llosses (Les) 19 D2
Llucena 40 A1
Llucmajor 41 C3
Lobón 34 B3
Lobos (Los) 58 B2
Lodosa 16 A1
Loeches 27 C3
Logroño 7 D3
Logrosán 35 D2
Loja..................... 56 B1
Longares 29 C1
Lopera 46 B2
Lora del Río 45 C3
Lorca 48 B3
Losa (La) 47 D3
Losar de la Vera 25 C3
Lozoyuela.............. 26 B2
Luanco 5 C1
Luarca 4 B1
Lubrín 58 A2
Lucainena
  de las Torres........ 58 A2
Lucena 56 A1
Luceni 16 B3
Luciana................. 36 B3
Ludiente 40 A1
Lugo 3 D2
Lugones 5 C2
Luisiana (La) 45 D3
Lumbier 8 B3
Lumbrales 24 A1
Luna 17 C2
Luque 46 A3

M

Macael 58 A2
Maceda 11 C1
Macotera 25 D2
Maderuelo 14 B3
Madrid 26 B3
Madridejos............. 37 C2
Madrigal
  de la Vera 25 C3
Madrigal de
  las Altas Torres.... 25 D1
Madrigalejo 35 C2
Madrona 26 A2
Madroñera 35 C2
Madroño (El) 44 A3
Maella 30 A2
Magacela 35 C3
Magallón 16 B3
Magaña 16 A3
Magaz 14 A2
Magdalena (La) 5 C3
Mahón / Maó 41 D1
Mahora 38 B3
Maials.................. 30 A1
Mainar 28 B1
Mairena
  del Alcor 45 C3
Málaga 56 A2
Malagón................ 37 C3
Malgrat de Mar 21 C3
Mallén 16 B3
Malpartida
  de Cáceres 34 B2
Malpartida
  de Plasencia 24 B3
Malpica
  de Bergantiños 2 B1
Maluenda............... 28 B1
Manacor 41 C2
Mancha Real 47 C3
Manga del
  Mar Menor (La).... 59 D1
Manilva 55 C3
Manises 40 A2
Manlleu 19 D3
Manresa............... 19 C3
Mansilla
  de las Mulas 13 C1
Mantiel 27 D3
Manzanares
  el Real 26 B2
Manzanares 37 C3
Manzaneda 11 D1
Manzanera 39 D1
Maó / Mahón 41 D1
Maqueda 36 B1
Maranchón 28 A2
Marbella................ 55 D3
Marchamalo 27 C2
Marchena............... 55 C1

Marcilla 16 A2
Marentes 4 A2
María 48 A3
Marín 2 B3
Markina 7 D2
Marmolejo 46 B2
Martín
  de la Jara 55 D1
Martín
  de Yeltes 24 B2
Martinet 19 C2
Martorell 20 A3
Martos 46 B3
Mas de Barberáns.. 30 A2
Mas de las Matas .. 29 D2
Masegoso
  de Tajuña 27 D2
Masnou (El) 20 B3
Maspalomas 51 C3
Massamagrell 40 A2
Massanet 24 A1
Matalascañas........ 54 A1
Matalebreras 16 A3
Matallana
  de Torío............. 5 C3
Mataró 20 B3
Mayorga 13 C2
Mazagón 54 A1
Mazarete 28 A2
Mazarrón 59 C1
Medellín 35 C3
Medina
  de Pomar............ 6 B2
Medina
  de Rioseco 13 C2
Medina
  del Campo........ 25 D1
Medina-Sidonia..... 54 B3
Medinaceli 27 D1
Meira 3 D2
Melgar de Abajo .. 13 C2
Melgar
  de Fernamental .. 6 A3
Melide 3 C2
Membrilla 37 C3
Membrío 34 A1
Menasalbas 36 B2
Mendavia 16 A1
Mengamuñoz 25 D2
Mengíbar 46 B2
Méntrida 26 A3
Mequinenza 30 A1
Merca (A) 11 C1
Mercadal (es)........ 41 D1
Mérida 34 B2
Mesa Roldán (La) .. 58 B3
Mesas (Las) 38 A2
Mesón do Vento 2 B2
Mestanza 46 B1
Mestas (Las) 24 B2
Mezquita (A) 11 D2

Mezquita
  de Jarque 29 C2
Miajadas 35 C2
Miedes 28 B1
Mieres 5 C2
Miguel Esteban 37 D2
Miguelturra 37 C3
Mijas................... 56 A2
Milagro 16 A2
Millares 39 D3
Milmarcos 28 A2
Mingorría 26 A2
Minas de Riotinto .. 44 A3
Minas (Las) 48 B2
Minaya 38 A3
Minglanilla........... 39 C2
Mingorría 26 A2
Mira 39 C2
Miraflores
  de la Sierra 26 B2
Miranda de Ebro 7 C3
Miranda
  del Castañar 24 B2
Mirueña de
  los Infanzones...... 25 D2
Moaña 10 B1
Mocejón 37 C1
Moclín 56 B1
Mogón 47 D2
Moguer 44 A3
Moià 19 D3
Moixent 49 D1
Mojácar 58 B2
Mojados 13 D3
Molar (El) 26 B2
Molina
  de Aragón 28 A2
Molina de Segura .. 49 C3
Molina (La)............. 19 C2
Molinicos 48 A1
Molinillo (El) 36 B2
Molinos 29 D2
Molins de Rei........ 20 B3
Mollerussa............. 18 B3
Mollina 56 A1
Mombeltrán........... 25 D3
Mombuey 12 B2
Monasterio
  de Rodilla 6 B3
Moncofa................ 40 A2
Monda 55 D2
Mondariz 10 B1
Mondéjar 27 C3
Mondoñedo 3 D1
Mondragón /
  Arrasate............. 7 D2
Monesterio 44 B2
Monforte
  de Lemos 3 D3
Monistrol
  de Montserrat...... 20 A3
Monòver 49 D2

Monreal
  del Campo............ 28 B2
Monroy 35 C1
Monroyo 29 D2
Mont-roig
  del Camp............ 30 B2
Montalbán 29 C2
Montalbo 38 A1
Montamarta 12 B3
Montánchez........... 35 C2
Montanejos 39 D1
Montañana 17 C3
Montblanc 31 C1
Montbrió
  del Camp............ 30 B2
Monteagudo
  de las Vicarías...... 28 A1
Montealegre
  del Castillo 49 C1
Montealegre 13 D2
Montefrío............... 56 B1
Montehermoso 24 B3
Montejícar 47 C3
Montejo
  de Tiermes 27 C1
Montellano 55 C1
Montemayor
  de Pililla............. 14 A3
Montemayor 46 A3
Montenegro
  de Cameros 15 D2
Monterroso 3 C3
Monterrubio
  de la Serena 45 C1
Montiel 47 D1
Montijo................. 34 B3
Montilla 46 A3
Montoro 46 A2
Montseny.............. 19 D3
Montserrat 39 D3
Montuenga 26 A1
Montuïri 41 C2
Monzón
  de Campos 14 A2
Monzón 17 D3
Mora
  de Rubielos......... 39 D1
Móra d'Ebre.......... 30 B2
Móra la Nova......... 30 B2
Mora.................... 37 C2
Moraira 50 A2
Moral
  de Calatrava 37 C3
Moral (El) 48 A3
Moraleda
  de Zafayona 56 B1
Moraleja
  de Sayago 24 B1
Moraleja del Vino .. 13 C3
Moraleja................ 24 A3
Morales de Rey 12 B2

Morales de Toro 13 C3
Morasverdes 24 B2
Morata de Jalón 28 B1
Morata de Tajuña .. 27 C3
Moratalla 48 B2
Moreda................. 57 C1
Morella................. 29 D3
Morón
  de Almazán 28 A1
Morón
  de la Frontera 55 C1
Morro Jable........... 51 D3
Mosqueruela 29 D3
Mosteiro............... 2 B3
Móstoles 26 B3
Mota del Cuervo 37 D2
Mota
  del Marqués 13 C3
Motilla
  del Palancar 38 B2
Motril 57 C2
Moyuela 29 C1
Mucientes 13 D3
Mudurra (La) 13 D3
Muel 29 C1
Muela (La) 16 B3
Muelas del Pan 12 B3
Mugueimes 11 C2
Mula 48 B3
Munera................. 38 A3
Mungia 7 D1
Muniesa 29 C2
Muñana 25 D2
Muñico 25 D2
Muñogalindo 25 D2
Murcia 49 C3
Murchante 16 A2
Murguía 7 D2
Murias
  de Paredes 4 B3
Muro d'Alcoi 49 D1
Muros.................. 2 A3
Muxia 2 A2

N

Nadela 3 D2
Nájera.................. 15 D1
Nava
  de la Asunción 26 A1
Nava de
  Ricomalillo (La).... 36 A1
Nava de
  Santiago (La) 34 B2
Nava del Rey 25 D1
Nava.................... 5 C2
Navacepeda
  de Tormes......... 25 D3
Navacerrada 26 B2
Navaconcejo 24 B3

Navahermosa 36 B2
Navalcán 25 D3
Navalcarnero 26 B3
Navaleno 15 C3
Navalmanzano 26 A1
Navalmoral
  de la Mata 35 D1
Navalmorales
  (Los) 36 A1
Navalperal
  de Pinares 26 A2
Navalucillos (Los) .. 36 A1
Navaluenga 25 D3
Navalvillar
  de Pela............. 35 D3
Navamorcuende 25 D3
Navarredonda
  de Gredos 25 D3
Navarrés 39 D3
Navarrete 15 D1
Navas de la
  Concepción
  (Las)................ 45 C2
Navas
  de San Juan 47 C2
Navas
  del Madroño 34 B1
Navas del
  Marqués (Las)..... 26 A2
Navàs 19 C3
Navascués 8 B3
Navas de Oro........ 26 A1
Navasfrias 24 A3
Navatalgordo......... 25 D3
Naveros 54 B3
Navia de Suarna 4 A3
Navia 4 A1
Neda................... 3 C1
Negra (La) 58 A3
Negreira 2 B2
Neila 15 C2
Nerja................... 56 B2
Nerpio 48 A2
Nerva 44 A3
Neves (As) 10 B1
Niebla.................. 44 A3
Níjar 58 A2
Noáin 8 A3
Noblejas 37 C1
Nogueira
  de Ramuín......... 11 C1
Noguera 28 B3
Noia 2 B3
Noja 6 B1
Nonaspe............... 30 A1
Novales 17 D3
Novelda 49 D2
Nueva Carteya....... 46 A3
Nueva.................. 5 D2
Nuévalos 28 B1
Nuevo Baztán 27 C3

Nuez
de Arriba (La) 6 B3
Nules 40 A1
Nuñomoral 24 B2
Núria 19 D2

O

Obejo 46 A2
Obón 29 C2
Ocaña...................... 37 C1
Ochagavía 8 B3
Ohanes................... 57 D2
Oiartzun /
Oyarzun............ 8 A2
Oion / Oyón 7 D3
Ojén 55 D2
Ojos Negros........... 28 B2
Ojuelos Altos 45 D2
Olazti 8 A3
Oleiros 3 C1
Olesa
de Montserrat 20 A3
Oliana.................... 18 B2
Oliete 29 C2
Olite 16 A1
Oliva
de la Frontera 44 A1
Oliva de Mérida...... 35 C3
Oliva (La) 51 D2
Oliva...................... 50 A1
Olivares de Júcar .. 38 A2
Olivenza 34 A3
Ollería (L') 49 D1
Olmedillo de Roa .. 14 B3
Olmedo 26 A1
Olocau del Rey 29 D3
Olombrada.............. 26 B1
Olost 19 D3
Olot........................ 19 D2
Ólula del Río 58 A2
Ólvega 16 A1
Olvera.................... 55 D2
Onda...................... 40 A1
Ondara 50 A1
Ondarroa 7 D2
Ontaneda 6 B2
Ontinyent................ 49 D1
Ontiñena 17 D3
Ontur 48 B1
Oña........................ 6 B3
Oñati...................... 7 D2
Orba 50 A1
Orce 48 A3
Orcera 47 D2
Ordes 2 C1
Ordino 19 C1
Ordizia 8 A2
Orduña.................... 7 C2
Orea 28 B3

Orellana
de la Sierra 35 D3
Orellana la Vieja 35 D3
Orense / Ourense .. 11 C1
Organyà 18 B2
Orgaz 37 C1
Orgiva 57 C2
Oria........................ 58 A1
Oricáin 8 A3
Orihuela
del Tremedal........ 28 B3
Orihuela 49 C2
Oropesa del Mar /
Orpesa................. 40 B1
Oropesa 35 D1
Orotava (La) 50 B3
Orpesa /
Oropesa del Mar.. 40 B1
Orreaga /
Roncesvalles........ 8 B2
Ortigueira................ 3 D1
Orusco 27 C3
Osa de la Vega 38 A2
Oseja
de Sajambre 5 D3
Osera 29 D1
Osorno la Mayor 6 A3
Ossa de Montiel 37 D3
Osuna.................... 55 D1
Otívar 56 B2
Ourense / Orense .. 11 C1
Ourol 3 D1
Outeiro de Rei 3 D2
Outomuro 11 C1
Oviedo 5 C2
Oyarzun /
Oiartzun............. 8 A2
Oyón / Oion 7 D3

P

Paca (La) 48 B3
Padornelo 12 A2
Padrón 2 B2
Padul 57 C2
Pajanosas (Las) 44 B3
Pájara 51 D3
Palacios
de la Sierra 15 C2
Palacios
de Sanabria.......... 12 A2
Palacios del Sil 4 B3
Palacios y
Villafranca (Los) .. 54 B1
Palafrugell 21 C2
Palamós 21 C2
Palas de Rei 3 C3
Palencia 14 A2
Palma del
Condado (La) 44 A3

Palma del Río 45 D3
Palma 40 B2
Palmas de Gran
Canaria (Las) 51 C3
Palomares
del Campo............ 38 A1
Palomas 35 C3
Palos
de la Frontera 54 A1
Pals........................ 21 C2
Pampliega 14 A2
Pamplona / Iruña.... 8 A3
Pancorbo 7 C3
Panes 6 A1
Paracuellos
de Jiloca 28 B1
Paradas 55 C1
Parajes 3 D2
Páramo del Sil 4 A3
Pardo (El) 26 B3
Paredes
de Nava 13 D2
Pareja 27 D3
Parla...................... 26 B3
Parlavà 21 C2
Pas de la Casa 19 C1
Pasaia / Pasajes...... 8 A2
Pasajes / Pasaia 8 A2
Pastrana 27 C3
Paterna
de Rivera 54 B2
Paular (El) 26 B2
Paymogo 43 D2
Peal de Becerro...... 47 C3
Pedernoso (El) 38 A2
Pedrafita
do Cebreiro 4 A3
Pedrajas
de San Esteban 26 A1
Pedralba
de la Pradería 12 A2
Pedralba................ 39 D2
Pedraza
de la Sierra 26 B1
Pedrera.................. 55 D1
Pedro Abad 46 A2
Pedro Bernardo...... 25 D3
Pedro Muñoz 37 D2
Pedrola 16 B3
Pedroñeras (Las) 38 A2
Pedrosas (Las) 17 C2
Pedroso (El) 45 C2
Pegalajar 47 C3
Pego 50 A1
Peguera 40 B3
Peñíscola /
Peníscola 30 A3
Peñafiel 14 A3
Peñaflor 45 C3
Peñaranda
de Bracamonte 25 D2

Peñaranda
de Duero 14 B3
Peñarroya-
Pueblonuevo........ 45 D1
Peñas
de San Pedro 48 B1
Peñascosa 48 A1
Peñausende............ 25 C1
Peñíscola /
Peníscola............. 30 A3
Peraleda
del Zaucejo 45 C1
Peralejos
de las Truchas 28 A3
Perales de Tajuña .. 27 C3
Perales
del Alfambra 29 C3
Perales
del Puerto 24 A3
Peralta
de Alcofea 17 D3
Peralta 16 A2
Perelló (El)
(Tarragona) 30 B2
Perelló (El)
(València) 40 A3
Pereruela 12 B3
Periana 56 A2
Pertusa 17 D3
Pesoz 4 A2
Petra 41 C2
Petrer 49 D2
Pétrola 48 B1
Picassent 40 A3
Picazo (El) 38 B2
Piedrabuena 36 B3
Piedrafita
de Babia 4 B3
Piedrahita.............. 25 C2
Piedralaves 25 D3
Piedras Albas........ 34 A1
Piedratajada.......... 17 C2
Pilas 54 B1
Piles 50 A1
Pina de Ebro 29 D1
Pineda
de la Sierra 15 C2
Pineda de Mar 21 C3
Pinell de Brai (El).... 30 A2
Pinilla (La) 27 C1
Pinofranqueado...... 24 B3
Pinós (El) 49 C2
Pinos Puente 56 B1
Pinto 26 B3
Piña de Campos 14 A2
Pizarra 56 A1
Plasencia 24 B3
Platja d'Aro
(Ciutat)................. 21 C2
Platja
de Sant Joan........ 49 D2

Platja i Grau
de Gandia 40 A3
Playa Blanca
(Fuerteventura) 51 D3
Playa Blanca
(Lanzarote) 51 D2
Plaza (La) 4 B2
Plencia / Plentzia ... 7 C1
Plentzia / Plencia ... 7 C1
Pliego 48 B3
Pobla de
Benifassà (La) 30 A3
Pobla
de Lillet (La) 19 C2
Pobla de
Massaluca (La) 30 A1
Pobla
de Segur (La) 18 B2
Pobla
de Vallbona (La) .. 39 D2
Pobla Llarga (La) ... 40 A3
Pobla
Tornesa (La) 40 A1
Pobo
de Dueñas (El) 28 B2
Pobra
do Caramiñal (A) 2 A3
Poio 2 B3
Pola de Allande 4 A2
Pola
de Gordón (La) 5 C3
Pola de Laviana..... 5 C2
Pola de Lena 5 C2
Pola de Siero 5 C2
Polán 36 B1
Pollença 41 C2
Pollos 13 C3
Pomar.................... 17 D3
Ponferrada 12 A1
Pont
d'Armentera (El) .. 31 C1
Pont de Suert 18 A2
Ponte-Caldelas 10 B1
Ponteareas 10 B1
Ponteceso 2 B2
Pontedeume 3 C1
Pontenova-
Villaodriz (A) 3 D2
Pontes de García
Rodríguez (As) 3 C1
Pontevedra 2 B3
Pontones 47 D2
Ponts 18 B3
Porcuna 46 B3
Porriño 10 B1
Port d'Alcúdia 41 C2
Port d'Andratx 40 A3
Port de la Selva
(El) / Puerto
de la Selva 21 C1
Port de Llançà (El).. 21 C1

Port de Pollença /
Puerto
de Pollença 41 C2
Port
de Sagunt (El) 40 A2
Port de Sóller /
Puerto de Sóller .. 40 B2
Portal (El) 54 B2
Portalrubio 29 C2
Portbou 21 C1
Portezuelo 34 B1
Portilla
de la Reina 5 D3
Portillo 13 C3
Portman 59 D1
Porto
do Barqueiro......... 3 D1
Porto do Son 2 A3
Portocristo 41 C2
Portomarín 3 D3
Portomouro 2 B2
Portonovo 2 B3
Portopetro 41 C3
Portugalete 7 C2
Porzuna 36 B3
Posadas 45 D3
Potes 6 A2
Poveda
de la Sierra 28 A3
Poza de la Sal 6 B3
Pozo
de Guadalajara 27 C3
Pozo Higuera 58 B1
Pozo Alcón 47 D3
Pozoblanco 45 D1
Pozo Cañada 48 B1
Pozohondo............ 48 B1
Pozondón.............. 28 B3
Pozuelo
de Calatrava 37 C3
Pozuelo
de Zarzón 24 A3
Pozuelo 48 A1
Prádena 26 B1
Prado del Rey 55 C2
Pradoluengo 15 C2
Prat
de Llobregat (El) .. 20 B3
Prat del Comte........ 30 A2
Prats de Lluçanès .. 19 C2
Pravia 4 B2
Premià de Mar........ 20 B3
Priego
de Córdoba 56 B1
Priego 28 A3
Proaza 4 B2
Provencio (El) 38 A2
Pruna 55 D1
Puçol 40 A2
Puebla
de Alcocer 35 D3

Puebla
de Almenara 37 D1
Puebla de
Almoradiel (La).... 37 D2
Puebla de Beleña .. 27 C2
Puebla
de Cazalla (La) 55 D1
Puebla
de Don Fadrique.. 48 A3
Puebla
de Don Rodrigo .. 36 A3
Puebla
de Guzmán 43 D3
Puebla
de Híjar (La) 29 D1
Puebla
de la Calzada........ 34 B3
Puebla
de la Reina 35 C3
Puebla de Lillo....... 5 D3
Puebla de
los Infantes (La) .. 45 C3
Puebla de
Montalbán (La) .. 36 B1
Puebla de Obando 34 B2
Puebla
de Sanabria.......... 12 A2
Puebla de Trives 11 D1
Puebla
de Valverde (La) .. 39 D1
Puebla
del Río (La) 54 B1
Pueblanueva (La) .. 36 A1
Pueblica
de Valverde.......... 12 B2
Puente de
Domingo Flórez .. 12 A1
Puente
de Génave 47 D2
Puente
de los Fierros 5 C3
Puente
de Montañana 18 A2
Puente del
Arzobispo (El) 35 D1
Puente (El) 7 C1
Puente-Genil 56 A1
Puente la Reina
de Jaca 9 C3
Puente la Reina 8 A3
Puente Viesgo 6 B1
Puentenansa 6 A2
Puerta
de Segura (La) 47 D2
Puerto Castilla 25 C3
Puerto de Béjar 25 C3
Puerto de la Cruz.... 50 B3
Puerto
de la Encina 55 D1
Puerto
de la Estaca.......... 50 A3

Puerto de la
Selva / El Port
de la Selva 21 C1
Puerto
de Mazarrón 59 C1
Puerto de
Pollença /
Port de Pollença .. 41 C2
Puerto
de San Vicente 35 D2
Puerto de
Santa María (El) .. 54 B2
Puerto de Sóller /
Port de Sóller 40 B2
Puerto del Rosario 51 D3
Puerto Lápice........ 37 C2
Puerto Lumbreras .. 58 B1
Puerto Real 54 B2
Puerto Serrano 55 C2
Puertollano 46 B1
Puig-reig 19 C3
Puigcerdà.............. 19 C2
Pulpí 58 B1
Punta Umbría 54 A1
Puntagorda 50 A3
Purchena 58 A2
Purullena 57 C1

Q

Quatretonda 49 D1
Queralbs 19 D2
Quero 37 D2
Quincoces
de Yuso 7 C2
Quintana
de la Serena 35 C3
Quintana
del Puente............ 14 A2
Quintana-Martín
Galíndez 7 C3
Quintana
Redonda 15 D3
Quintanar
de la Orden 37 D2
Quintanar
de la Sierra 15 C2
Quintanar del Rey .. 38 B3
Quintanilla
de Onésimo 14 A3
Quinto 29 D1
Quiroga 11 D1

R

Rábade.................... 3 D2
Rábita (La) 57 C2
Rágama 25 D1
Rajadell 19 C3

Ramales
de la Victoria........ 6 B2
Ramallosa (A) 10 A1
Ramallosa 2 B3
Rambla (La) 46 A3
Rascafría 26 B2
Rasquera 30 B2
Rasueros 25 D1
Real
de la Jara (El) 44 B2
Real de
San Vicente (El) .. 25 D3
Recuerda 27 D1
Redondela 10 B1
Reinosa 6 A2
Remolinos 16 B3
Requena 39 C2
Retortillo de Soria.. 27 D1
Retuerta
del Bullaque 36 B2
Reus 30 B2
Rial 10 B1
Rianxo 2 B3
Riaño 5 D3
Riaza 27 C1
Riba de Saelices 28 A1
Riba de Santiuste .. 27 D1
Ribadavia 11 C1
Ribadelago............ 12 A2
Ribadeo 4 A1
Ribadesella 5 D2
Ribas de Campos .. 14 A2
Ribera de Cardós... 18 B1
Ribera del Fresno .. 44 B1
Ribes de Freser 19 D2
Ricla 28 B1
Ricobayo 12 B3
Riego de la Vega 12 B1
Rillo de Gallo........ 28 A2
Rillo 29 C2
Rincón de Soto 16 A2
Rinconada (La) 44 B3
Rincón
de la Victoria........ 56 A2
Riocavado
de la Sierra 15 C2
Ríogordo 56 A2
Rioseco de Tapia .. 5 C3
Ripoll 19 D2
Ríumar 30 B3
Roa de Duero........ 14 B3
Robla (La) 5 C3
Robledillo
de Gata 24 A3
Robledo
de Chavela 26 A3
Robledo (El) 36 B3
Robledo 48 A1
Robres 17 C3
Roca
de la Sierra (La) .. 34 B2

Roca
  del Vallès (La) 20 B3
Rociana
  del Condado 44 A3
Rocío (El) 54 A1
Roda de
  Andalucía (La)...... 55 D1
Roda de Isábena 18 A2
Roda (La) 38 B3
Rodeiro 3 C3
Rodellar 17 D2
Ródenas................ 28 B3
Rodiezmo................. 5 C3
Rojales 49 D2
Romangordo 35 C1
Romeral (El)........... 37 C2
Rompido (El) 53 D1
Roncal 9 C3
Roncesvalles /
  Orreaga 8 B2
Ronda.................... 55 D2
Ronquillo (El) 44 B3
Roperuelos
  del Páramo 13 C1
Roquetas de Mar.... 57 D2
Rosal
  de la Frontera 43 D2
Rosas / Roses 21 C1
Roses / Rosas 21 C1
Rossell 30 A3
Rota 54 A2
Royo (El) 15 D3
Rozas
  de Madrid (Las) .. 26 B3
Rúa (A) 11 D1
Rubena.................. 14 B1
Rubí
  de Bracamonte 25 D1
Rubí 20 B3
Rubielos de Mora .. 39 D1
Rubio (El) 55 D1
Rueda de Jalón 16 B3
Rueda 13 D3
Ruidera.................. 37 C3
Ruidoms................. 30 B2
Rute 56 A1

S

Sa Calobra 40 B2
Sa Pobla................ 41 C2
Sabadell................ 20 B3
Sabero 5 D3
Sabinosa................ 50 A3
Sabiñánigo 17 D1
Sabiote.................. 47 C2
Sacedón 27 D2
Saceruela.............. 36 A3
Sacramenia 14 A3
Sada 3 C1

Sádaba 16 B2
Saelices 38 A1
S'Agaró 21 C2
Sagunt /
  Sagunto.............. 40 A2
Sagunto /
  Sagunt 40 A2
Sahagún................ 13 D1
Salamanca 25 C1
Salar 56 B1
Salardú.................. 18 B1
Salas
  de los Infantes ... 15 C2
Salas...................... 4 B2
Salceda (La) 26 B1
Saldaña 13 D1
Saler (El) 40 A3
Salinas 5 C1
Sallent
  de Gállego.......... 9 D3
Sallent 19 C3
Salmerón 27 D3
Salmoral 25 D2
Salobral (El) 48 B1
Salobreña 57 C2
Salorino 34 A1
Salou 30 B2
Salvacañete 39 C1
Salvaterra
  de Miño.............. 10 B1
Salvatierra
  de los Barros....... 44 A1
Salvatierra 7 D3
Sama de Langreo .. 5 C2
Samboal 26 A1
Samos 3 D3
Samper
  de Calanda 29 D1
San Adrián............ 16 A2
San Agustín
  del Guadalix 26 B2
San Amaro............ 11 C1
San Andrés
  del Rabanedo 13 C1
San Antonio
  de Portmany /
  Sant Antoni
  de Portmany 51 C1
San Bartolomé
  de la Torre 43 D3
San Bartolomé
  de las Abiertas 36 A1
San Carlos
  del Valle 37 C3
San Clemente 38 A2
San Cosme 3 D1
San Cristóbal
  de Entreviñas 13 C2
San Cristóbal
  de la Vega............ 26 A1
San Emiliano 4 B3

San Esteban
  de Gormaz 15 C3
San Esteban
  del Molar.............. 13 C2
San Esteban
  del Valle 25 D3
San Esteban............ 4 B1
San Felices
  de los Gallegos.... 24 A1
San Feliú
  de Guixols /
  Sant Feliu
  de Guíxols........... 21 C2
San Fernando 54 B2
San Ildefonso-
  La Granja 26 B2
San Isidro.............. 58 A3
San Javier 49 D3
San José 58 A3
San Juan
  de los Terreros 58 B2
San Juan
  del Olmo 25 D2
San Juan
  del Puerto 44 A3
San Leonardo
  de Yagüe 15 C3
San Lorenzo
  de Calatrava 46 B1
San Lorenzo
  de la Parrilla 38 A1
San Luis
  de Sabinillas 55 D3
San Martín
  de Castañeda 12 A1
San Martín
  de la Vega 26 B3
San Martín
  de Mondoñedo 3 D1
San Martín
  de Montalbán 36 B1
San Martín
  de Valdeiglesias .. 26 A3
San Mateo
  de Gállego............ 17 C3
San Miguel
  de Escalada 13 C1
San Miguel
  de Salinas 49 D3
San Miguel
  del Arroyo 14 A3
San Millán
  de la Cogolla........ 15 C2
San Millán
  de Lara 15 C2
San Nicolás
  de Tolentino 51 C3
San Nicolás
  del Puerto 45 C2
San Pedro
  de Alcántara 55 D3

San Pedro
de Latarce 13 C3
San Pedro
de Mérida 34 B3
San Pedro
del Arroyo 25 D2
San Pedro
del Pinatar........... 49 D3
San Pedro
Manrique 15 D2
San Pedro 48 A1
San Pol de Mar /
Sant Pol de Mar .. 20 B3
San Rafael 26 A2
San Roque
(Cádiz) 55 C3
San Roque
(A Coruña) 2 B2
San Sadurniño 3 C1
San Salvador
de Cantamuda 6 A2
San Sebastián
de la Gomera 50 B3
San Sebastián /
Donostia 8 A2
San Silvestre
de Guzmán 43 D3
San Telmo 44 A2
San Vicente
de Alcántara 34 A2
San Vicente
de la Barquera 6 A1
San Vincente
de la Cabeza 12 B2
San Vitero 12 A2
Sanchidrián 26 A2
Sancti-Spíritus....... 24 B2
Sancti Petri 54 B3
Sando.................... 24 B1
Sangarcía............... 26 A2
Sangenjo /
Sanxenxo 2 B3
Sangüesa............... 8 B3
Sanlúcar
de Barrameda...... 54 B2
Sanlúcar
de Guadiana 43 D3
Sanlúcar
la Mayor 44 B3
Sant Agustí
de Lluçanès........... 19 D2
Sant Andreu
de Llavaneres 20 B3
Sant Antoni
de Calonge 21 C2
Sant Antoni
de Portmany /
San Antonio
de Portmany 51 C1
Sant Boi
de Lluçanès........... 19 D3

Sant Carles
de la Ràpita 30 B3
Sant Celoni 19 D3
Sant Cugat
del Vallès............. 20 B3
Sant Esteve
d'En Bas 19 D2
Sant Feliu
de Guíxols /
San Feliú
de Guixols........... 21 C2
Sant Francesc 51 D2
Sant Hilari Sacalm .. 19 D3
Sant Hipòlit
de Voltregà 19 D3
Sant Joan
d'Alacant............. 49 D2
Sant Joan
de Labritja 51 D1
Sant Joan de
les Abadesses...... 19 D2
Sant Josep............. 51 C1
Sant Julià
de Lória 19 C2
Sant Llorenç
de Morunys......... 19 C2
Sant Lluís 41 D1
Sant Mateu 30 A3
Sant Miquel 51 D1
Sant Pau
de Segúries......... 19 D2
Sant Pol de Mar /
San Pol de Mar 20 B3
Sant Quirze
de Besora 19 D2
Sant Quirze Safaja .. 19 D3
Sant Ramon 18 B3
Sant Sadurní
d'Anoia 20 A3
Sant Vicent
del Raspeig 49 D2
Santa Amalia......... 35 C3
Santa Ana 38 B3
Santa Bárbara
de Casa 43 D2
Santa Bárbara 30 A3
Santa Coloma
de Farners............ 21 C2
Santa Coloma
de Queralt 31 C1
Santa Colomba
de Somoza 12 B1
Santa Comba......... 2 B2
Santa Cristina
de Lena 5 C2
Santa Cruz
de la Palma 50 A3
Santa Cruz
de la Sierra 35 C2
Santa Cruz
de la Zarza............ 37 D1

Santa Cruz
de Moya 39 C1
Santa Cruz
de Mudela 47 C1
Santa Cruz
de Tenerife 50 B3
Santa Cruz
del Retamar 26 A3
Santa Cruz 7 D3
Santa Elena 47 C2
Santa Eufemia........ 45 D1
Santa Eugenia /
Santa Uxía 2 A3
Santa Eulalia
de Oscos 4 A2
Santa Eulalia
del Río / Santa
Eulària des Riu 51 D1
Santa Eulalia 28 B3
Santa Eulària
des Riu / Santa
Eulalia del Río...... 51 D1
Santa Fé 56 B1
Santa Liestra
y San Quilez 18 A2
Santa Magdalena
de Pulpís 30 A3
Santa
Margalida 41 C2
Santa Margarida
i els Monjós 20 A3
Santa María
de Huerta 28 A1
Santa María
de Nieva 58 B1
Santa María
de Valverde......... 12 B2
Santa María
del Campo............ 14 A2
Santa María
del Campo Rus 38 A2
Santa María
del Páramo 13 C1
Santa María
la Real de Nieva .. 26 A1
Santa Marina
de Valdeón 5 D3
Santa Marina
del Rey 12 B1
Santa Marta
de Tormes............ 25 C1
Santa Marta 34 B3
Santa Olalla
del Cala 44 B2
Santa Olalla 36 B3
Santa Pau............. 20 B1
Santa Pola 49 D2
Santa Ponça........... 40 B3
Santa Susanna 21 C3
Santa Uxía /
Santa Eugenia 2 A3

Santaella 45 D3
Santander 6 B1
Santanyí............... 41 C3
Santas Martas 13 C1
Santiago
de Alcántara 34 A1
Santiago
de Compostela 2 B2
Santiago
de la Espada 48 A2
Santiago
de la Ribera......... 49 D3
Santibáñez
de Béjar............... 25 C2
Santibáñez
de la Peña 5 D3
Santibáñez
de la Sierra 24 B2
Santibáñez
de Vidriales 12 B2
Santillana
del Mar 6 A1
Santiponce 44 B3
Santisteban
del Puerto 47 C2
Santo Domingo
de la Calzada 15 C1
Santo Domingo
de Silos 14 B2
Santo Tomé........... 47 D2
Santoña 6 B1
Santos (Los).......... 25 C2
Santos de
Maimona (Los) 44 B1
Santurtzi 7 C2
Sanxenxo /
Sangenjo............. 2 B3
S'Arenal 40 B3
Sariñena.............. 17 D3
Sarón 6 B1
Sarracín 14 B2
Sarral 31 C1
Sarria 3 B1
Sarrión 39 D1
Sástago 29 C1
Sauca 27 D2
Saucejo (El) 55 D1
Sauces (Los) 50 A3
Saviñán 28 B1
Sax 49 D1
Sayatón 27 C2
Seca (La) 13 D3
Sedano................. 6 B3
Segorbe 40 A1
Segovia 26 B2
Segura
de la Sierra 47 D2
Segura
de Léon 44 A2
Segura
de los Baños 29 C2

Selva
del Camp (La) 31 C1
Sena 17 D3
Sénia (La) 30 A3
Seo de Urgel /
La Seu d'Urgell.... 19 C2
Sepúlveda 26 B1
Sequeros 24 B2
Serón
de Nágima 28 A1
Serón 58 A2
Serós 30 A1
Serra de Outes 2 B2
Serra 40 A2
Serrada 13 D3
Serradilla 35 C1
Serrat (El)............ 19 C1
Sesa 17 D3
Seseña 37 C1
Sesma 16 A1
Setcases.............. 19 D2
Setenil 55 D2
Seu d'Urgell (La) /
Seo de Urgel....... 19 C2
Sevilla 44 B3
Sevilleja
de la Jara 36 A2
Sierra
de Fuentes 34 B2
Sierra
de Yeguas 55 D1
Sierra Nevada 57 C1
Sigüenza 27 D2
Siles 48 A2
Silla 40 A3
Silleda 3 C3
Sils 21 C2
Simancas 13 D3
Sinarcas 39 C2
Sineu 41 C2
Siruela 35 D3
Sisante 38 B2
Sitges 31 D1
Sobrado
dos Monxes 3 C2
Socovos 48 B2
Socuéllamos 37 D3
Sodupe................ 7 C2
Solana
de los Barros....... 34 B3
Solana del Pino 46 B1
Solana (La) 37 D3
Solares 6 B1
Soldeu 19 C1
Sollana 40 A3
Sóller 40 B2
Solosancho 25 D2
Solsona 19 C3
Somolinos 27 C1
Son Servera......... 41 C2
Soncillo 6 B2

Sonseca 36 B1
Sopeira.................. 18 A2
Sorbas 58 A2
Soria..................... 15 D3
Sort...................... 18 B2
Sos
del Rey Católico .. 16 B1
Soses 30 A1
Sotillo
de la Adrada 26 A3
Soto
de los Infantes 4 B2
Soto de Luiña 4 B1
Soto
de Sajambre 5 D2
Soto del Barco...... 4 B1
Sotograndre 55 C3
Sotopalacios 6 B3
Sotrondio.............. 5 C2
Sotuélamos 38 A3
Soutelo 2 B3
Suances 6 B1
Subijana............... 7 C3
Sucina 49 C3
Sueca 40 A3
Sueros
de Cepeda 12 B1
Super Molina......... 19 C2
Súria.................... 19 C3

T

Tábara 12 B2
Tabernas 58 A2
Taboada................ 3 C3
Tabuenca 16 A3
Tafalla 8 A3
Tahal 58 A2
Talarrubias............ 35 D3
Talaván 34 B1
Talavera
de la Reina 36 A1
Talavera la Real...... 34 A3
Talayuela 35 D1
Talayuelas 39 C1
Tallante 49 C3
Tamames............... 24 B2
Támara 14 A2
Tamarinda 41 D1
Tamarite
de Litera 18 A3
Tapia
de Casariego 4 A1
Tarancón 37 D1
Tarazona
de la Mancha 38 B3
Tarazona 16 A3
Tardienta 17 C3
Tarifa 55 C3
Tarragona 31 C2

Tarrasa / Terrassa 20 A3
Tàrrega 18 B3
Tauste 16 B3
Tavernes de la Valldigna 40 A3
Tazones 5 C2
Teba 55 D2
Teguise 51 D2
Teixeiro 3 C2
Telde 51 C3
Tembleque 37 C2
Tendilla 27 C3
Terrassa / Tarrasa 20 A3
Terriente 28 B3
Teruel 29 C3
Terzaga 28 A2
Tharsis 43 D3
Tiemblo (El) 26 A3
Tierga 16 A3
Tíjola 58 A2
Tineo 4 B2
Tiñosillos 26 A2
Tírig 30 A3
Titaguas 39 C1
Tivenys 30 A2
Tivissa 30 B2
Tobarra 48 B1
Toboso (El) 37 D2
Tocina 45 C3
Toledo 36 B1
Tolosa 8 A2
Tolox 55 D2
Tomelloso 37 D3
Tomiño 10 B1
Tona 19 D3
Torà 18 B3
Tordera 21 C3
Tordesillas 13 D3
Tordesilos 28 B3
Toreno 4 A3
Torija 27C021
Torla 9 D3
Tormos 17 C2
Tornavacas 25 C3
Toro 13 C3
Torquemada 14 A2
Torralba de Calatrava 37 C3
Torre de Juan Abad 47 D1
Torre de la Higuera 54 A1
Torre del Bierzo........ 12 B1
Torre del Mar........... 56 B2
Torre del Valle (La) 13 C2
Torre d'en Besora (La) .. 29 D3
Torre la Cárcel........ 28 B3

Torre Pacheco 49 C3
Torrebaja 39 C1
Torreblanca 40 B3
Torrecaballeros 26 B2
Torrecampo 46 A1
Torrecilla en Cameros........... 15 D2
Torrecillas de la Tiesa 35 C1
Torredelcampo 46 B3
Torredembarra 31 C2
Torredonjimeno 46 B3
Torregrossa 30 B1
Torrejón de Ardoz 27 C3
Torrejón de la Calzada........ 26 B3
Torrejón el Rubio............. 35 C1
Torrejoncillo del Rey 38 A1
Torrejoncillo 34 B1
Torrelaguna 27 C2
Torrelapaja 16 A3
Torrelavega 6 B1
Torrellano 49 D2
Torrelobatón 13 D3
Torrelodones 26 B2
Torremegía 34 B3
Torremocha 35 C2
Torremolinos 56 A2
Torrent 40 A2
Torrente de Cinca 30 A1
Torrenueva 47 C1
Torreperogil........ 47 C2
Torres del Río 7 D3
Torrevieja 49 D3
Torrijas 39 D1
Torrijo 28 A1
Torrijos............. 36 B1
Torroella de Montgrí 21 C2
Torrox 56 B2
Tórtoles de Esgueva 14 A3
Tortosa 30 A2
Tossa de Mar 21 C2
Totana 48 B3
Trabanca 24 B1
Trabazos 12 A2
Tragacete............. 28 A3
Traiguera 30 A3
Trebujena............. 54 B2
Tremp............. 18 B2
Tresjuncos 38 A2
Trespaderne 7 C3
Trevélez 57 C2
Treviño 7 D3
Triguero............. 44 B1
Trijueque 27 C2

Trillo 27 D2
Trubia 5 C2
Truchas 12 A1
Trujillo 35 C1
Tubilla del Agua 6 B3
Tudela de Duero 13 D3
Tudela 16 A2
Tui 10 B1
Tuineje 51 D3
Turégano 26 B1
Turís 39 D2
Turmiel 28 A2
Turre 58 B2

U

Úbeda 47 C2
Ubrique 55 C2
Uclés 37 D1
Ugíjar 57 D2
Uleila del Campo........... 58 A2
Ulldecona 30 A3
Uncastillo 16 B2
Ungilde 12 A2
Unión (La) 59 D1
Unquera............. 6 A1
Urda 37 C2
Usagre 44 B1
Useres (Les)............. 40 A1
Utebo 16 B3
Utiel 39 C2
Utrera 55 C1
Utrillas 29 C2

V

Valareña 16 B2
Valcarlos 8 B2
Valdecaballeros.... 35 D2
Valdecabras............. 38 B3
Valdecarros 25 C2
Valdedíos 5 C2
Valdefuentes 35 C2
Valdeganga 38 B3
Valdelacasa de Tajo 35 D1
Valdelinares............. 29 D3
Valdemeca 28 B3
Valdemorillo 26 B3
Valdemoro 26 B3
Valdenoceda 6 C3
Valdepeñas de Jaén 46 B3
Valdepeñas 47 C1
Valderas 13 C2
Valderrobres 30 A2

Valdestillas 13 D3
Valdeverdeja 35 D1
Valdevimbre 13 C1
Valdezcaray 15 C2
Valencia
  de Alcántara 34 A2
Valencia
  de Don Juan 13 C1
Valencia
  de las Torres........ 44 B1
Valencia
  del Ventoso.......... 44 B1
València 40 A2
Valeria 38 B1
Valjunquera 30 A2
Vall d'Alba 40 A1
Vall d'Uixó (La) 40 A2
Valladolid 13 D3
Valldemossa 40 B2
Valle de
  Abdalajís 56 A2
Valle
  de la Serena 35 C3
Valle
  de Matamoros 44 A1
Vallehermoso 50 A3
Vallejera
  de Riofrío 25 C3
Valls 31 C1
Valmojado 26 A3
Valoria
  la Buena 14 A3
Valpalmas 17 C2
Valtierra 16 A2
Valverde
  de Cervera........... 16 A3
Valverde
  de Júcar 38 B2
Valverde
  de Leganés 34 A3
Valverde
  del Camino 44 A3
Valverde
  del Fresno 24 A3
Valverde................. 50 A3
Vandellós 30 B2
Vargas 6 B1
Vecilla (La) 5 C3
Vecinos 25 C3
Vega
  de Espinareda...... 4 A3
Vega
  de Valcarce 4 A3
Vegadeo................. 4 A1
Vegarienza.............. 4 B3
Vegas
  del Condado 5 C3
Veguellina
  de Órbigo 12 B1
Veguillas (Las) 25 C2
Veiga (A) 11 D1

Vejer
  de la Frontera 54 B3
Velada 36 A1
Velayos 26 A2
Vélez Blanco 48 A3
Vélez
  de Benaudalla....... 57 C2
Vélez Málaga 56 B1
Vélez Rubio 48 A3
Velilla
  del Río Carrión 5 D3
Vellés (La) 25 C1
Vendrell (El) 31 C1
Venialbo 13 C3
Venta Nueva 4 A2
Ventas con
  Peña Aguilera 36 B2
Ventas
  de Huelma........... 56 B2
Vera 58 B2
Verín.................... 11 D2
Vertientes (Las) 48 A3
Vezdemarbán 13 C3
Viana 7 D3
Viana do Bolo 11 D1
Vic 19 D3
Vicálvaro 26 B3
Vidreres 21 C2
Vielha 18 A1
Vigo 10 B1
Vila de Cruces 3 C3
Vila-real /
  Villarreal 40 A1
Vila-rodona 31 C1
Vila-seca 31 C2
Vilada 19 C2
Viladamat 21 C2
Viladrau 19 D3
Vilafamés 40 A1
Vilafranca 29 D3
Vilafranca
  del Penedès 20 A3
Vilagarcía
  de Arousa 2 B3
Vila Joiosa (La) /
  Villajoyosa 50 A2
Vilalba / Villalba..... 3 D2
Vilaller 18 A2
Vilallonga 50 A1
Vilamarxant 39 D2
Vilanova
  d'Alcolea 40 B1
Vilanova
  i la Geltrú /
  Villanueva
  y Geltrú 31 C1
Vilanova 3 D1
Vilanova de
  Arosa.................. 2 B3
Vilanova
  de Sau 19 D3

Vilar de Barrio 11 C1
Vilches 47 C2
Villablanca 43 D3
Villablino 4 B3
Villabona 8 A2
Villabrágima 13 D2
Villabuena
  del Puente 13 C3
Villacañas............... 37 D2
Villacarriedo 6 B2
Villacarrillo............. 47 D2
Villacastín 26 A2
Villada 13 D2
Villa de Don
  Fadrique (La)........ 37 D2
Villa del Prado 26 A3
Villa del Río 46 A2
Villadiego.............. 6 A3
Villaescusa
  de Haro 38 A2
Villafáfila 13 C2
Villaflores 25 D1
Villafranca 16 A2
Villafranca
  del Bierzo 4 A3
Villafranca
  de los Barros........ 44 B1
Villafranca de
  los Caballeros 37 C2
Villafranca-
  Montes de Oca 15 C1
Villafranco
  del Guadalquivir.. 54 B1
Villafrechós 13 C2
Villafruela 14 B2
Villafuerte 14 A3
Villager
  de Laciana........... 4 B3
Villaharta 45 D2
Villahermosa 47 D1
Villahoz 14 B2
Villajoyosa /
  La Vila Joiosa 50 A2
Villalba
  de Guardo 13 D1
Villalba / Vilalba..... 3 D2
Villalba
  de la Sierra 28 A3
Villalba
  de los Barros........ 44 B1
Villalba
  del Rey 27 D3
Villalcázar
  de Sirga 14 A1
Villalgordo
  del Marquesado .. 38 A2
Villalón
  de Campos 13 D2
Villalpando............. 13 C2
Villalpardo 39 C2
Villaluenga 28 A1

Villamanrique 47 D1
Villamanrique
  de la Condesa 54 B1
Villamañan.............. 13 C1
Villamartín 55 C2
Villamartín
  de Campos 13 D2
Villamayor
  de Santiago.......... 37 D2
Villamayor 17 C3
Villamayor
  de Campos 13 C2
Villanubla................ 13 D3
Villanueva
  de la Sierra 24 A3
Villanueva
  de los Infantes 47 D1
Villanueva
  del Rey 45 D2
Villanueva
  y Geltrú /
  Vilanova
  i la Geltrú 31 C1
Villanueva
  de Alcardete 37 D2
Villanueva
  de Alcorón 28 A2
Villanueva
  de Algaidas.......... 56 A1
Villanueva
  de Argaño 14 B1
Villanueva
  de Bogas 37 C3
Villanueva
  de Cameros.......... 15 D2
Villanueva
  de Córdoba 46 A1
Villanueva
  de Franco 37 C3
Villanueva
  de Gállego............. 17 C3
Villanueva de
  la Concepción 56 A2
Villanueva
  de la Fuente 47 D1
Villanueva
  de la Jara 38 B2
Villanueva
  de la Reina 46 B2
Villanueva
  del Arzobispo 47 D2
Villanueva
  de la Serena 35 C3
Villanueva
  de las Torres........ 47 C3
Villanueva
  de la Vera 25 C3
Villanueva
  del Campo 13 C2
Villanueva
  del Duque 45 D1

Villanueva
  del Fresno 43 D1
Villanueva
  del Huerva............ 29 C1
Villanueva
  de los Castillejos .. 43 D3
Villanueva del Río
  y Minas 45 C3
Villanueva
  del Trabuco 56 A1
Villanueva
  de San Carlos 46 B1
Villaquejida 13 C2
Villaquilambre 13 C1
Villar
  de Peralonso 24 B1
Villarcayo 6 B2
Villar
  de Arnedo (El)...... 16 A2
Villar de Cañas 38 A1
Villardeciervos........ 12 B2
Villar de
  Domingo García .. 28 A3
Villardefrades 13 C3
Villar
  del Arzobispo 39 D2
Villar del Rey 34 A2
Villarejo
  de Fuentes 38 A1
Villarejo
  de Salvanés 27 C3
Villarente 13 C1
Villares (Los) 46 B3
Villares
  de la Reina 25 C1
Villares del Saz 38 A1
Villargarcía
  del Llano 38 B3
Villargordo
  del Cabriel 39 C2
Villaricos 58 B2
Villarino 12 A3
Villaroya................ 16 A2
Villaroya
  de los Pinares 29 C3
Villarquemado........ 28 B3
Villarramiel 13 D2
Villarreal /
  Legutiano 7 D2
Villarreal /
  Vila-real 40 A1
Villarrín
  de Campos 13 C2
Villarrobledo 38 A3
Villarroya
  de la Sierra 28 B1
Villarrubia
  de los Ojos 37 C3
Villarrubia
  de Santiago......... 37 D1
Villarrubio 37 D1

Villarta
  de San Juan 37 C3
Villasana
  de Mena 7 C2
Villasandino............ 14 A1
Villasante
  de Montija............ 6 B2
Villasarracino......... 6 A3
Villaseco
  de los Reyes 24 B1
Villasequilla
  de Yepes 37 C1
Villatobas............... 37 D1
Villatoya................. 39 C3
Villaverde
  del Río 44 B3
Villaviciosa............. 5 C2
Villaviciosa
  de Córdoba 45 D2
Villaviciosa
  de Odón 26 B3
Villavieja
  de Yeltes 24 B1
Villel 39 C1
Villena 49 D1
Villoldo 13 D2
Villoria 25 C1
Vimianzo 2 A2
Vinaixa 30 B1
Vinarós 30 A3
Vinuesa 15 C3
Viñas (Las) 46 B2
Viñuelas 27 C2
Virgen
  del Camino (La) .. 13 C1
Viso (El) 45 D1
Viso del Alcor (El) .. 45 C3
Viso del Marqués .. 47 C1
Vistabella
  del Maestrat 29 D3
Vitigudino 24 B1
Vitoria / Gasteiz 7 D3
Viveiro 3 C1
Vivel
  del Río Martín 29 C2
Viver 39 D1
Viveros 48 A1

X

Xàbia / Jávea.......... 50 A1
Xàtiva / Játiva 39 D3
Xeresa 40 A3
Xert...................... 30 A3
Xerta.................... 30 A2
Xinzo de Limia...... 11 D3
Xixona 49 D1
Xubia 3 C1
Xunqueira
  de Ambía............. 11 C1

Y

Yanguas 15 D2
Yébenes (Los) 37 C2
Yebra 27 C3
Yecla....................... 49 C1
Yepes 37 C1
Yesa (La) 39 D1
Yesa 8 B3
Yeste 48 A2
Yuncos 37 C1
Yunquera 55 D2
Yunquera
  de Henares 27 C2

Z

Zafarraya 56 B2
Zafra 44 B1
Zahara
  de los Atunes 54 B3
Zahinos 44 A1
Zaidín 30 A1
Zalamea
  de la Serena 45 C1
Zalamea la Real...... 44 A3
Zalla 7 C2
Zambrana 7 C3
Zamora................... 12 B3

Zaorejas 28 A2
Zaragoza 17 C3
Zaratán 13 D3
Zarautz 8 A2
Zarcilla de Ramos .. 48 B3
Zarza la Mayor........ 34 B1
Zestoa 8 A2
Zorita 35 C2
Zucaina 40 A1
Zuera 17 C3
Zufre 44 B2
Zújar....................... 57 D1
Zumaia................... 8 A2
Zumarraga............. 7 D2

Portugal

A

Abela 42 B1
Abrantes 33 C1
Águeda........ 22 B2
Aguiar 43 C1
Aguiar da Beira 23 D1
Alandroal 33 D3
Albergaria-
a-Velha 22 B1
Albernoa 43 C2
Albufeira 52 B1
Alcácer do Sal 42 B1
Alcáçovas........ 43 C1
Alcafozes 23 D3
Alcains 23 D3
Alcanede 32 B1
Alcanena 32 B1
Alcanhões 32 B2
Alcantarilha 52 B1
Alcaria Ruiva 43 C2
Alcobaça 32 B1
Alcochete........ 32 B3
Alcoutim 43 D3
Aldeia Gavinha 32 A2
Aldeia da Ponte...... 24 A2
Alenquer 32 B2
Alfambra 42 A3
Alfândega da Fé 11 D3
Alfeizerão........ 32 B1
Algoz 42 B3
Alijó 11 C3
Aljezur 42 A3
Aljustrel 42 B2
Almada........ 32 A3
Almancil........ 53 C1
Almeida 24 A2
Almeirim 32 B2
Almodôvar........ 43 C3
Alpalhão........ 33 D1
Alpedrinha........ 23 D3
Alpiarça 32 B2
Alqueva 43 D1
Alter do Chão 33 D2
Alvaiázere 22 B3
Alvalade........ 42 B2
Alverca
do Ribatejo 32 B2
Alvito 43 C1
Alvor........ 42 B3
Amadora 32 A3
Amarante........ 10 B3
Amareleja 43 D1
Amares........ 10 B2
Ameixial........ 43 C3
Anadia 22 B2
Ansião 22 B3
Arazede 22 B2
Arco de Baulhe 11 C3
Arcos de Valdevez.. 10 B2
Arez 33 D1
Arganil 23 C3
Armação de Pêra.... 52 B1
Armamar 23 D1
Arouca 23 C1
Arraiolos 33 C3
Arrifana 23 D2
Arronches 34 A2
Arruda
dos Vinhos 32 A2
Atouguia
da Baleia 32 A1
Aveiras de Cima 32 B2
Aveiro........ 22 B1
Avintes........ 10 B3
Avis 33 D2
Azambuja........ 32 B2
Azaruja........ 33 D3
Azinheira
dos Barros........ 42 B1

B

Baião 10 B3
Baleal 32 A1
Baleizão 43 C2
Barca de Alva 24 A1
Barcelos........ 10 B2
Barqueiro........ 22 B3
Barrancos........ 44 A2
Barranco Velho 43 C3
Barreiro 32 A3
Batalha........ 32 B1
Beja 43 C2
Belmonte 23 D2
Bemposta........ 33 C1
Benavente 32 B2
Beringel 43 C1
Boliqueime 52 B1
Bombarral 32 A1
Borba 33 D3
Bornes 11 D3
Boticas 11 C2
Bouro 10 B2
Braga 10 B2
Bragança 12 A2
Bravães 10 B2
Brinches........ 43 D2
Brotas........ 33 C3
Buarcos 22 A2
Bucelas........ 32 A2

C

Cabeceiras
de Basto 11 C3
Cabeço de Vide 33 D2
Cacela Velha 53 C1
Cachopo........ 43 C3
Cadaval 32 B2
Caldas das Taipas .. 10 B3
Caldas da Rainha .. 32 B1
Caldas de Vizela 10 B3
Caldelas 10 B2
Cambas 23 C3
Caminha........ 10 A2
Campo
de Beisteros 23 C2
Campo Maior........ 34 A2
Canas
de Senhorim........ 23 C2
Canha 32 B3
Cantanhede 22 B2
Caramulo 23 C2
Caria 23 D3
Carrapateira........ 42 A3
Carrazeda
de Ansiães 11 D3
Carrazedo
de Montenegro.... 11 D3
Carregado 32 B2
Carregal do Sal 23 C2
Cartaxo........ 32 B2
Carviçais 24 A1
Carvoeiro 52 B1
Casa Branca
(Portalegre) 33 D2
Casa Branca
(Setúbal) 42 B1
Cascais........ 32 A3
Castanheira
de Pêra 22 B3
Castelo Branco 33 D1
Castelo de Paiva 23 C1
Castelo de Vide 33 D1
Castro Daire........ 23 C1
Castro Laboreiro 11 C1
Castro Marim........ 53 D1
Castro Verde 43 C2
Celorico da Beira.... 23 D2
Celorico de Basto .. 11 C3
Cercal (Lisboa) 32 B2
Cercal (Setúbal) 42 B2
Cerdeira 23 D2
Cernache
de Bonjardim 22 B3
Chamusca 33 C1
Chaves 11 D2

Chouto 33 C2
Cinfães 23 C1
Coimbra 22 B2
Coina 32 A3
Colares 32 A2
Comporta 42 B1
Condeixa-
a-Nova 22 B3
Constância 33 C1
Coruche 32 A2
Costa de Caparica .. 32 A3
Costa
de Santo André .. 42 A1
Couço 33 C2
Covilhã 23 D3
Crato 33 D2
Cruzamento
de Pegões 32 B3
Cruz da Légua 32 B1
Cuba 43 C1
Curia 22 B2

D

Darque 10 A2
Degracias 22 B3

E

Elvas 34 A3
Entre-os-Rios 23 C1
Entroncamento 33 C1
Ericeira 32 A2
Ermidas-Aldeia 42 B2
Ervidel 43 C2
Escalos de Cima 23 D3
Esmoriz 22 B1
Espinho 22 B1
Esposende 10 A2
Estarreja 22 B1
Estói 53 C1
Estoril 32 A3
Estremoz 33 D3
Évora 33 C3
Évoramonte 33 D3

F

Fafe 10 B3
Faro 53 C2
Fátima 32 B1
Feces de Abaixo 11 D2
Felgueiras 10 B3
Ferreira
do Alentejo 43 C1
Ferreira do Zêzere .. 33 C1
Ferreiras 52 B1
Figueira da Foz 22 A3

Figueira
de Castelo
Rodrigo 24 A1
Figueiró
dos Vinhos 22 B3
Flor da Rosa 33 D2
Fornos
de Algodres 23 D2
Foz do Arelho 32 A1
Foz Giraldo 23 C3
Fratel 33 D1
Freixedas 23 D2
Freixo de Espada
a Cinta 24 A1
Fronteira 33 D2
Funchal 52 A3
Fundão 23 D3
Furadouro 22 B1
Fuzeta 53 C2

G

Galveias 33 C2
Garvão 42 B2
Gavião 33 D1
Gerês 10 B2
Góis 23 C3
Golegã 33 C1
Gondomar 10 B3
Gouveia 23 D2
Grândola 42 B2
Granja 43 D1
Guarda 23 D2
Guimarães 10 B3

I

Idanha-a-Nova 23 D3
Ílhavo 22 B2
Izeda 12 A3

J

Juromenha 34 A3

L

Ladoeiro 34 A1
Lagoa 42 B3
Lagoaça 24 A1
Lagos 42 A3
Lamego 23 C1
Lavre 33 C3
Leiria 22 A3
Lindoso 10 B2
Lisboa 32 A3
Loriga 23 C2

Loulé 53 C1
Loures 32 A2
Louriçal 22 A3
Lourinhã 32 A1
Lousa 32 A2
Lousã 22 B3
Lousada 10 B3
Luso 22 B2

M

Mação 33 C1
Macedo
de Cavaleiros 11 D3
Mafra 32 A2
Maia 10 B3
Malpica do Tejo 34 A1
Malveira
(perto de Estoril) ... 32 A3
Malveira
(perto de Mafra) ... 32 A2
Mamarrosa 22 B2
Mangualde 23 C2
Manteigas 23 D2
Marateca 32 B3
Marco
de Canaveses 10 B3
Marinha Grande 22 A3
Martim Longo 43 C3
Martingança 32 B1
Marvão 33 D2
Mateus 11 C3
Matosinhos 10 A3
Mealhada 22 B2
Mêda 23 D1
Medelim 23 D3
Meimoa 23 D3
Melgaço 10 B1
Melides 42 B1
Mértola 43 C2
Mesão Frio 11 C3
Milhão 12 A2
Mina de
São Domingos 43 D2
Mira 22 B2
Mira de Aire 32 B1
Miramar 10 A3
Miranda
do Corvo 22 B3
Miranda
do Douro 12 B3
Mirandela 11 D3
Mogadouro 12 A3
Moimenta 11 D2
Moimenta
da Beira 23 D1
Moita 32 A3
Moledo
do Minho 10 A2
Monção 10 B1

Moncarapacho 53 C2
Monchique............ 42 B3
Mondim
  de Basto 11 C3
Monforte 33 D2
Monsanto.............. 23 D3
Monsaraz 43 D1
Montalegre 11 C2
Montalvão 33 D1
Montargil 33 C2
Monte Redondo 22 A3
Monte da Pedra...... 33 D2
Montemor-
  o-Novo 33 C3
Montemor-
  o-Velho 22 B2
Monte Real 22 A3
Montijo 32 B3
Montoito 43 D1
Mora.................... 33 C2
Morais 12 A3
Mortágua 22 B2
Moura 43 D1
Mourão 43 D1
Muge 32 B2
Murça 11 D3
Murtosa 22 B1

N

Nave Redonda....... 42 B3
Nazaré 32 B1
Nelas 23 C2
Nisa 33 D1

O

Òbidos 32 A1
Odeceixe 42 A3
Odeleite 43 D3
Odemira 42 B2
Odivelas 43 C1
Oeiras 32 A3
Ofir 10 A2
Oleiros 23 C3
Olhão 53 C2
Oliveira
  de Azeméis 22 B1
Oliveira
  de Frades 23 C1
Oliveira do Bairro .. 22 B2
Oliveira
  do Douro 23 C1
Oliveira
  do Hospital 23 C2
Orvalho 23 C3
Ourém 33 C1
Ourique 42 B2
Ovar 22 B1

P

Paço de Sousa........ 10 B3
Paços de Ferreira .. 10 B3
Paderne 42 B3
Palmela 32 B3
Pampilhosa 22 B2
Pampilhosa
  da Serra............. 23 C3
Paradela 11 C2
Paredes 10 B3
Paredes de Coura .. 10 B2
Paúl 23 C3
Pavia................... 33 C3
Pedras Salgadas 11 C3
Pedrógão (Beja) 43 C1
Pedrógão (Leiria) ... 22 A3
Pedrógão Grande .. 22 B3
Pega 23 D2
Penacova 22 B2
Penafiel 10 B3
Penalva
  do Castelo........... 23 C2
Penamacor........... 23 D3
Penedono............. 23 D1
Penela 22 B3
Penhas da Saúde ... 23 D2
Penhas Juntas 11 D2
Peniche 32 A1
Peralva 43 C3
Peso da Régua...... 11 C3
Pinhal Novo........... 32 B3
Pinhão 11 C3
Pinheiro 10 B2
Pinhel 24 A1
Pombal................ 22 B3
Pontão 22 B3
Ponte da Barca 10 B2
Ponte de Lima 10 B2
Ponte de Sor 33 C2
Portalegre 33 D2
Portel 43 C1
Portelo 12 A2
Portimão 42 B3
Portinho
  da Arrábida 32 A3
Porto Alto............. 32 B2
Porto Moniz 52 A3
Porto.................... 10 B3
Porto de Lagos 42 B3
Porto de Mós........ 32 B1
Póvoa de Lanhoso 10 B2
Póvoa de Varzim .. 10 A3
Praia da Tocha...... 22 A2
Praia da Barra 22 B1
Praia da Rocha 52 B1
Praia da Vieira 22 A3
Praia de Mira 22 B2
Praia
  de Santa Cruz 32 A2
Proença-a-Nova..... 33 D1

Q

Quarteira 52 B2
Queluz 32 A3
Quintanilha 12 A2

R

Rates 10 A3
Rebordelo 11 D2
Redondo 33 D3
Reguengos
  de Monsaraz 43 D1
Resende 23 C1
Ribeira de Pena 11 C3
Rio Maior 32 B1
Rosmaninhal 34 A1
Rossio ao Sul
  do Tejo 33 C1
Rubiães 10 B2

S

Sabóia 42 B3
Sabrosa 11 C3
Sabugal 23 D2
Sacavém 32 A2
Safara 43 D1
Sagres 52 A1
Salgueiro
  do Campo 23 C3
Salto................... 11 C2
Salvaterra
  de Magos 32 B2
Sande................. 23 C1
Santa Catarina
  da Fonte
  do Bispo 53 C1
Santa Clara-
  a-Velha 42 B3
Santa Comba Dão .. 23 C2
Santa Comba
  de Rosas 12 A3
Santa Eulália 34 A2
Santa Luzia 42 B2
Santa Margarida
  do Sádão............. 42 B1
Santa Maria
  da Feira 22 B1
Santa Marta
  de Penaguião 11 C3
Santana (Madeira) .. 52 A3
Santana (Setúbal) .. 32 A3
Santana da Serra .. 42 B3
Santarém 32 B2
Santiago
  do Cacém 42 B1
Santiago
  do Escoural.......... 33 C3

Santo Estêvão
(Guarda) 23 D3
Santo Estêvão
(Santarém) 32 B2
Santo Tirso 10 B3
São Bartolomeu
de Messines 42 B3
São Brás
de Alportel 53 C1
São Cristóvão 33 C3
São Domingos....... 42 B2
São Gregório 10 B1
São Jacinto 22 B1
São João
da Madeira 22 B1
São João
da Pesqueira........ 23 D1
São João
de Tarouca 23 C1
São João
dos Caldeireiros .. 43 C3
São José
da Lamarosa 33 C2
São Leonardo 43 D1
São Manços........... 43 C1
São Marcos
da Serra 42 B3
São Marcos
do Campo 43 D1
São Martinho
das Amoreiras 42 B2
São Martinho
do Porto 32 B1
São Matias............. 43 C1
São Miguel
de Machede 33 D3
São Pedro
da Torre 10 B1
São Pedro
de Moel 22 A3
São Pedro do Sul .. 23 C1
São Romão 23 C2
São Teotónio.......... 42 A3
São Vicente
da Beira................ 23 D3
Sapataria 32 A2
Sardoal................... 33 C1
Sarzedas 23 C3
Sátão 23 C1
Segura 34 A1
Seia 23 C2
Seixal 32 A3
Sendim................... 12 A3
Sernancelhe............ 23 D1
Serpa 43 D2
Sertã...................... 22 B3
Sesimbra 32 A3
Setúbal................... 32 B3
Sever do Vouga...... 22 B1
Silvares 23 C3
Silves 42 B3

Sines 42 A1
Sintra 32 A2
Sobral da Adiça...... 43 D2
Sobral
de Monte
Agraço................. 32 A2
Sobreira Formosa .. 33 D1
Soure 22 B3
Sousel 33 D3

T - U

Tábua 23 C2
Tabuaço 23 D1
Taipadas 32 B3
Tanganheira 42 B2
Tarouca 23 C1
Tavira 53 C1
Teixoso 23 D2
Terena 33 D3
Termas
de Monfortinho .. 24 A3
Terras de Bouro 10 B2
Tocha 22 B2
Tolosa 33 D1
Tomar.................... 33 C1
Tondela 23 C2
Torrão 43 C1
Torre
de Dom Chama... 11 D2
Torre
de Moncorvo 24 A1
Torreira 22 B1
Torres Novas 33 C1
Torres Vedras 32 A2
Tortosendo 23 D3
Trafaria 32 A3
Tramagal 33 C1
Trancoso 23 D1
Trindade................ 11 D3
Trofa
(perto de Felgueiras) .. 10 B3
Trofa (perto
de Santo Tirso) 10 B3
Unhais da Serra 23 C3

V - Z

Vagos 22 B2
Valadares............... 10 A3
Vale de Açor 43 C2
Vale de Cambra...... 22 B1
Vale de Estrela....... 23 D2
Vale de Prazeres 23 D3
Valença do Minho .. 10 B1
Valhelhas 23 D2
Valongo 10 B3
Valpaços 11 D3
Veiros 33 D3

Venda Nova............ 11 C2
Vendas Novas 32 B3
Viana do Alentejo .. 43 C1
Viana do Castelo 10 A2
Vidago 11 C2
Vidigueira 43 C1
Vieira de Leiria 22 A3
Vieira do Minho...... 10 B2
Vila Baleira............. 52 A3
Vila do Conde 10 A3
Vila Fernando 33 D3
Vila Flor 11 D3
Vila Nogueira
de Azeitão 32 A3
Vila Nova
de Santo André .. 42 A1
Vila Verde 10 B2
Vila Boim 34 A3
Vila de Rei 33 C1
Vila do Bispo 42 A3
Vila Franca
das Naves 23 D2
Vila Franca
de Xira 32 B2
Vila Nova
da Barquinha 33 C1
Vila Nova
de Cerveira 10 B1
Vila Nova
de Famalicão 10 B3
Vila Nova
de Foz Côa 23 D1
Vila Nova de Gaia .. 10 B3
Vila Nova
de Milfontes 42 A2
Vila Nova
de Paiva............... 23 C1
Vila Nova
de Poiares 22 B3
Vila Nova
de São Bento 43 D2
Vila Pouca
de Aguiar 11 C3
Vila Praia
de Âncora 10 A2
Vilar Formoso 24 A2
Vila Real 11 C3
Vila Real de
Santo António 53 D1
Vila Velha
de Ródão.............. 33 D1
Vila Verde da Raia.. 11 D2
Vila Verde
de Ficalho 43 D2
Vila Viçosa 33 D3
Vimieiro 33 D3
Vimioso 11 D2
Vinhais 11 D2
Viseu 23 C2
Vouzela 23 C1
Zebreira 34 A1

Dressée par la Manufacture Française des Pneumatiques MICHELIN
© MICHELIN et Cie, propriétaires-éditeurs, 2001
Sté en commandite par actions au capital de 304 000 000 EUR
R.C.S. Clermont-Ferrand B 855 200 507 - Place des Carmes-Déchaux 63 Clermont-Ferrand (France)
Imprimé en France - IME 25110 Baume-les-Dames - Made in France - DL : JANVIER 2002